숫자에 속지마

몰랐을 땐 상식 제대로 알면 교양지식

숫자에 속지마

황인환 지음

모아북스
MOABOOKS

혹시 나만 모르는 거 아냐?

숫자는 동서고금을 막론하고 만국 공통어이다. 숫자는 경제, 금융 분야의 곳곳에서 가장 많이 쓰이는 기호이고, 구체적이고 비교가 가능하며 응용의 영역이 넓다. 우리 몸의 70%가 수분으로 이루어지듯이 경제와 금융은 숫자로 얘기한다. 경제는 심리라고 말하지만, 심리는 사람이 마음으로 느끼는 것이다. 결국 숫자도 사람의 이야기로 돌아오게 된다.

숫자는 그저 수를 세는 기호만은 아니다. 숫자는 육하원칙을 갖고 있다.

1. Why : 왜 그런 숫자가 나오게 되었을까?
2. When : 언제 만들어졌고 언제 활용할 수 있을 것인가?

3. Where : 어디에 쓰면 좋은가?

4. Who : 누가 누구에게 쓰는가?

5. What : 어떻게 만들어졌고 무엇을 의미하는가?

6. How : 어떤 용도로 어떻게 활용할 것인가?

필자는 그동안 강연을 하거나 글을 쓰면서 경제와 금융에 대한 이야기를 좀 더 재미있고 실감나게 하고자 숫자에 대한 다양한 사례와 이론을 틈틈이 정리해왔다.

꼭 직무와 관계없더라도 의미가 있다고 여겨지는 것들을 모았다. 가공의 과정(사색)과 소설적 추리(창의)를 통해 이야깃거리 (맥락)로 만들어 강의 때 두루 이용했다. 그렇게 모은 것을 한 번은 정리할 때가 왔다고 생각했다.

닳고 닳은 내 노트 속에서 숫자들이 나에게 말을 걸어오는 느낌이었다. 가족들이 읽어도 "아하~" 하고 공감을 얻을 것 같은 이야기, 나만의 사색과 창의와 맥락의 과정에서 고르고 골라낸 내용들을 모았다. 마치 이스트와 물을 섞어 반죽의 과정을 거치고 구워내 빵을 만드는 것처럼 정성을 들였다.

이 책에서 이야기하고자 하는 화두는 다음과 같다.

- 왜 '숫자' 와 '수치' 를 만들고 사용하게 되었는가?

- 삶 속에서는 어떤 일들이 어떻게 작용되고 법칙화 되었는가?
- 재무와 투자에서는 숫자가 어떻게 작용하는가?

가정에서, 직장에서, 사회생활에서 우리는 끊임없이 혈연, 지연, 학연의 고리를 이어간다. 교집합과 합집합의 영역만이 아니라 곱하기와 나누기를 통해서 팽창력을 가진다. 엄청난 조직도 들여다보면 결국 '한' 사람이라는 최소 단위가 나온다.

아무리 기계가 인간을 능가하는 시대가 온다지만, 전기라는 에너지가 떨어지면 모든 것이 원점이 되는 인공지능 '알파고' 에게 인간적인 공감을 기대할 수는 없을 것이다. 우리가 희로애락을 겪으며 찰나에 내뱉는 '욱!', '앗!', '에이!', '글쎄!', '음!' '오호!' 하는 간투사는 오직 사람만이 낼 수 있다. 이러한 인간적인 맥락에서 숫자에 대한 이야기를 풀어보았다.

이 책에 모은 숫자 이야기를 통해 다음과 같은 것들을 선사하고자 한다.

- 사람의 말, 생각과 행동에 대한 이해와 공감의 폭을 얻을 수 있다.
- 숫자, 수치와 관계된 연원, 정의, 사례 등 상식을 확장할 수 있다.
- 경제 금융에서 숫자와 수치에 대한 이해와 해석을 알 수 있다.

- 실제 투자와 재무 설계 등의 기본원리를 자연스럽게 익힐 수 있다.

　독자들이 이 책을 읽는 과정에서 숫자와 수치에 대해 더 살갑게 느낄 수 있게 되었으면 한다. 아울러 이 책 속의 숫자 이야기를 통해 자신의 삶과 이 세상을 바라보고 이해하는 진정한 '신의 한 수'를 체득한다면 금상첨화라 하겠다.
　수치만사성數值萬事成! 숫자를 알면 세상이 보인다.

황인환

머리말

chapter 1

흔하게 쓰는 숫자가 그런 뜻이었군!

chapter 2

무슨 기준에서 시작됐을까?

chapter 3

경제 전문가도 알쏭달쏭? 이 말이 이런 뜻이었군!

chapter 4
영업실적 확실히 높여주는 숫자의 법칙

chapter **1**

흔하게 쓰는 숫자가
그런 뜻이었군!

<u>3초 백</u> 있어 보이는 능력 ———————●

유니세프의 한 실험 동영상이 화제가 된 적이 있다. 어린 여자아이에게 깨끗한 옷을 입혀 혼자 길에 서 있게 하자 길을 지나던 사람들이 곧바로 하나둘씩 다가와 친절하게 말을 걸기 시작한다. 그런데 같은 아이를 지저분하게 꾸미고 허름한 옷을 입혀 그 자리에 서 있게 했더니 아무도 아이에게 관심을 보이지 않았다. 아이의 겉모습을 통해 사람들은 무엇을 읽었으며, 그들의 친절과 냉담은 무엇을 의미하는 것일까?

예나 지금이나 사람들은 돈과 권력에 길들여지고 우상숭배의 그늘로 기꺼이 들어간다. 미용에 좋다하면 바르지 못할 것이 없고, 정력에 좋다 하면 먹지 못할 것이 없는 것이 사람이다. 반면에 '사위지기자사士爲知己者死 여위열기자용女爲悅己者容'이라 하며 자기를 알아주는 사람을 위해 죽으려고 하는 선비를 의인으로 칭하기도 한다.

남자는 더 믿음직해 보이고 싶고, 여자는 더 예뻐 보이려고 한다. 거울 앞에서 멋지지 않은 남자가 없고, 아름답지 않은 여자가 없다. 그래도 얼굴에 칼을 대고 싶다는 사람이 있다. 그것을 말릴 재간은 없다. 그런 남녀가 만나 가족이 되고 가정을 이룬다.

내면이 '있어 보이는' 사람이 되기

'3초 백'이란 말이 있다. 명품 브랜드 루이뷔통의 가방은Louis Vuitton Speedy 30 우리나라 사람들이 하도 많이 들고 다녀서 3초에 한 번씩 눈에 띄는 백이 되었다는 뜻이다. 과연 명품이라는 게 무엇일까? 갑자기 비가 왔을 때 머리에 올려 들어 비를 막으면 짝퉁 가방이고 가슴에 품고 뛰면 명품 가방이라는 우스갯소리도 있다. 여자뿐만 아니라 남자도 '있어 보이고' 싶어서 아침마다 재킷을 고르고, 와이셔츠 다림줄을 체크하고, 커프스 버튼을 찾고, 넥타이를 고른다.

개그적 조합의 단어지만 '있어 보임+능력ability'의 '있어빌리티'도 이 시대에서는 중요한 생존역량이 된다. 하지만 정말로 있어 보이는 사람은 가방 때문이 아니라 그 사람의 내면 때문에 있어 보인다. 모든 사람들이 갖고 싶어 한다는 '잇 백it bag'이라는 것도 그 가방에 마음을 둔 사람의 눈에만 보이지 않겠는가?

예기禮記에 '마음이 거기에 없으면, 보아도 보이지 않고, 들어도 들리지 않으며, 먹어도 맛을 모른다心不在焉, 視而不見, 聽而不聞, 食而不知其味' 고 했다. 상대의 마음을 끌어당기는 것이 우선이지 옷치장이나 감언이 먼저가 아니라는 뜻이다.

있어 보이고 싶다면 먼저 마음이 있어 보이는 사람이 되어야 한다. 매력이란 사람을 '끌어 들이는 힘' 을 말한다. 내실이 있는 사람이라면 주머니 속의 송곳처럼 결국 그 사람만의 매력을 발휘하게 된다.

 아하! 그렇구나

은근한 자신만의 매력 포인트가 곧 '있어 보이는 능력' 이다.

chapter 1

<u>21%</u> 한 달 뒤의 기억량 ●

　독일의 심리학자 헤르만에빙하우스_{Hermann Ebbinghaus, 1850~1909}
가 실시한 기억 측정 실험에 의하면, 학습 후 20분이 경과하면
58%를 기억하고, 1시간 뒤에는 44%, 하루가 지나면 33%, 한 달
이 지나면 21%밖에 기억하지 못했다. 다만 4~5회 반복하면
70~80%를 기억한다고 한다.

　그밖에도 심리학자들은 기억에 관한 다양한 연구를 수행했다.
밀러_{George A. Miller}는 인간의 단기정보 처리능력은 7±2개라고 했
다. 스펄링_{George Sperling}은 기억을 감각기억/단기기억/장기기억
으로 구분했는데, 감각기억은 4초, 단기기억은 15~18초 동안 유
지된다고 했다.

　이처럼 인간의 기억이란 금세 망각된다. 지금 이 순간에 대해
2주 뒤에 내 기억 속에 남아 있는 것은 얼마나 될까? 연구 결과에
의하면 말하고 행동한 것의 90%, 말한 것의 70%, 보고 들은 것의

50%, 본 것의 30%, 들은 것의 20%, 읽은 것의 10%만이 남는다고 한다.

기억을 기록하고 스토리를 입혀라

요즘은 인터넷상의 글들을 읽고 공유하기가 편하다. 많은 이들과 정보를 나눌 수도 있다. 인간의 기억력을 대신해줄 좋은 수단들이 많아진 것이다. 예를 들어 1년 전에 스크랩해 놓은 투자제안 리서치 자료나 분석보고서를 지금과 비교해 보면 훌륭한 통찰을 얻을 수 있다. 당시의 예측은 당연히 궤도에서 벗어나 있더라도 말이다.

도박중독자들은 '나는 언제든 도박을 끊을 수 있다' 는 '조절에 대한 환상' 을 갖고 있다. 자신감과 기억의 결합물이다. 신경전달물질인 도파민이 뇌에서 분비되면 쾌감을 느끼게 되는데, 도박을 하지 않으면 강한 쾌감을 다시 얻고자 뇌가 신호를 보낸다. 결국 도박중독은 도파민 장애이자 뇌기능 장애인 것이다.

때로는 기록이 기억보다 현명하게 작동할 때가 많다. 기억을 오래 가져가는 방법으로 고수들이 제시하는 방법 3가지가 있다.

1. 부호화하고 연상이 되도록 스토리를 입혀라.

2. 운율과 리듬으로 제스처와 함께 외워라.

3. 분산하고 반복해서 기억을 공고하게 하라.

무한대에 가깝게 기억을 저장하고 불러올 수 있는 세상이다.
결국 인간의 몫은 '기록' 과 '스토리' 가 아닐까 한다.

 아하! 그렇구나

최고의 기억 보존 방법은 '언행일치' 로 실천하는 것이다.

2인 3각   시너지효과와 링겔만효과

여럿이 힘을 합치면 효율성이 올라갈까, 떨어질까?

이와 관련한 개념으로 '사회적 태만social loafing' 이라는 것이 있다. 집단으로 하게 되면 오히려 개인별 공헌 정도가 떨어지는 것을 뜻한다. 단체 활동에서 벌어진 일에 모두에게 책임을 물린다고 하면, 이는 그 일의 책임을 아무도 지지 않는다는 말과 같다. 혼자 힘껏 하던 일을 8명이 나누어 하게 되면 정작 개인은 원래 힘의 49%밖에 쏟지 않는다고 한다.

최소한의 할당된 자기 몫을 한다면 이러한 현상은 벌어지지 않을 것이다. 하나(100)의 일에 각자가 기여한 분량의 합을 내면 100을 훨씬 초과하게 되는 것도 같은 현상이다. 혼자서 하던 것을 여럿이 같이 하면 오히려 자신이 내야 하는 힘의 몫을 줄이는 것을 '링겔만효과Ringelmann effect' 라고 한다. 초등학교 때 합창 시간에 입만 뻥긋거린 기억을 떠올리면 쉽게 이해될 것이다. 이와 반대로 1의 힘을 가진 둘이 합심하여 3의 힘을 내는 것을 '시너지효과 synergy effect'라고 한다.

시너지효과와 링겔만효과 중에 우리는 무엇을 선택할 수 있을까? 초등학교 운동회 때 두 사람의 발을 하나씩 묶어 달리는 2인 3각 경기를 경험해 보았을 것이다. 2인 3각은 공동체 의식+정확한 업무배분의 관계로 요약될 수 있다.

삶의 효율을 높이는 링겔만효과란?

마치 2인 3각 경기를 하는 것처럼 사회에서도 링겔만효과를 줄이고 시너지효과를 늘이는 것이 중요하다. 명문화된 업무지시와 정확한 체크리스트, 그리고 역량에 대한 배분과 보상이 제대로 분명히 이루어져야 '업무상 뺀질이'가 발생하지 않을 것이다.

금융투자자산에 있어 정보는 손익과 연결된다.

먼저 정보를 객관화해서 볼 수 있어야 한다. 내 마음이 자산에 온통 실리면 눈이 멀게 되기 때문이다. 객관화하기 위해서는 주위에 많이 묻는 것이 최선이다. 혼자만의 정보라 생각하고 감추어 봤자 별 실익이 없다. 두 번째는 흩어져 있는 정보들을 한 자리에서 볼 수 있어야 한다.

투자자가 접하는 정보는 무수히 많기 때문에 자칫 가벼이 여길 수도 있고 버려질 수도 있다. 투자자산을 분석하는 기법은 다양하고 따라서 방법에 따라 다양한 편차를 보일 수밖에 없다. 마음에 드는 정보와 신념에 맞는 정보는 다르다. 밸류에이션을 한 기본적 분석 정보와 프라이싱을 한 기술적 분석 정보는 마치 2인 3각과 같다. 이처럼 투자에 있어서도 시너지효과가 날 수 있도록 해야 소기의 성과를 얻을 수 있다.

좌우 눈이 하나씩 밖에 없어서 둘이 같이 움직여야 하는 물고기를 비목어라고 한다. 눈도 날개도 하나씩이라 서로 결합되어야만 하늘을 날 수 있다는 비익조의 전설도 있다. 또 비슷한 나무 두 그루가 가지가 연결되어 한 그루처럼 보이는 것을 연리지라고 한다. 연리지는 천생연분의 부부나 연인을 상징한다. 결국 인간의 삶도 링겔만효과를 줄이고 시너지효과를 늘리는 데 가치가 있다.

 아하! 그렇구나

링겔만효과를 없애면 시너지효과는 자연적으로 생긴다.

<u>72</u> 두 배가 되는 셈법 ────────●

'매달 6%씩 주가가 상승하면 1년 뒤에 내 투자금은 두 배가 된다. 매달 3%씩 주가가 상승한다면 2년이 지나야 두 배가 되고, 3년 쯤 지나면 세 배가 된다.'

척척 계산해 내는 셈법이 놀랍기도 하지만 콜럼버스의 달걀처럼 알고 나면 별 것 아니게 되는 계산이기도 하다. 두 배가 되는 셈법은 이밖에도 더 있다.

두께 0.1mm의 신문지를 50번 정도 접으면 어느 정도의 높이가 될까? 112,589,990km가 된다. 한 번만 더 접으면 지구에서 태양까지의 거리인 150,000,000km를 넘는다.

'72법칙'이라는 것이 있다. 72를 내가 원하는 수익률 퍼센트로 나누면 투자원금이 두 배가 되는 기간이 계산되는 것이다. 2%라면 36번 반복되어야 하고, 4%라면 18번 계속해서 그 수익을 내면 된다. 복리라는 마술이 작동하기 때문이다. 9%라면 8번

연속해서 수익을 내야 두 배가 된다. 월 단위의 수익률이 9%면 8 개월 뒤에 두 배가 된다는 뜻이다. 덧대서 얘기하자면 114법칙은 세 배가 되는 복리 기간을 계산할 때 적용할 수 있다.

지속성과 포용력을 가진 72

워렌 버핏이 운영하는 버크셔헤서웨이Berkshire Hathaway Inc. 회사 의 연차 보고서를 보면 놀라운 숫자가 있다. 1965년부터 2015년 까지 햇수로는 51년간 1,598,284%라는 수익률이 적혀 있다. 쉽 게 말해 1만 6천 배, 즉 100만 원이 160억 원이 된 것이다.

열 살 때 100만 원을 투자하고 환갑 언저리에 160억 원을 돌려 받는다면 정말 환상적이지 않은가. 여기에도 복리의 힘이 작동 하고 있다. 매년 꾸준히 20.8%의 수익을 내면 51년 뒤 얼추 이런 성과가 나온다는 것이다. 한두 해 100% 수익률을 보이는 것이 오히려 쉬워 보일 지경이다.

72라는 숫자는 두 가지 깨달음을 준다.

첫째는 앞의 계산에서 본 것처럼 성과의 꾸준한 지속성이 다. 우등생이 한두 번 시험을 좀 못 보더라도 일정하게 자기 성적을 내는 것처럼, 성과는 꾸준히 지속된다면 생각보다 크 게 돌아온다.

둘째는 원만한 포용력이다. 72라는 숫자는 0부터 9까지의 어떤 숫자로도 나누어진다. 누구와도 잘 어울릴 수 있는 품성을 가진 사람처럼. 지속성과 포용력. 이만하면 인간으로서도 훌륭한 품성이 아닐까?

 아하! 그렇구나

복리의 전제는 지속성이다. 어느 날 갑자기 그 숫자가 되지 않는다.

9의 배수　틀린 계산을 찾는 크로스체크——•

　지금은 컴퓨터의 스프레드시트로 숫자 작업을 많이 한다. 일일이 더하고 곱하지 않아도 식만 넣으면 즉시 답을 준다. 말인즉슨 크로스체크이다.

　하지만 예전에는 월말이나 연말 결산 때 죽을 힘을 다해 가로줄 세로줄을 맞추다 보면 훤한 새벽이 되곤 했었다. 자료의 숫자를 만든 나보다 상사의 눈이 더 빨랐다. 틀린 숫자를 귀신같이 짚어내고 어느 항목을 잘못 기재했는지 찾아냈다.

　훗날 틀린 숫자를 찾는 팁을 하나 배웠다. 맞는 값과 틀린 값의 차이가 9의 정수 배가 되면 숫자를 바꾸어 쓴 것이라는 사실이었다. 예를 들어 1234를 1324로 쓰면 90이 차이 나고, 138과 183은 45의 차이가 난다. 둘 다 9의 배수이다.

　오류란 늘 생기기 마련이다. 누구나 오류도 많고 빈틈이 있으며 단점도 있다. 하지만 오류가 꼭 약점은 아니다. 단점에 집착하다 보면 그만큼 평범하고 특색 없는 사람이 될 수 있지만, 그 대신 장점과 강점을 잘 알리면 보다 가치 있는 삶을 만들 수 있기 때문이다.

오류에 집착하는 어리석음

요즘 아이들은 학교가 끝난 후 방과 후 수업, 학원을 하루 평균 3개 이상 다닌다고 한다. 우리 동네 근처에도 보습학원, 피아노 학원, 태권도학원 등이 어깨를 맞대고 있는 것을 보면 아이들이 학원 '순회공연' 을 하기에 좋은 환경이다.

이런 환경에서 시계바늘처럼 훈련 받은 아이들은 오류나 잘못에 대한 고민 없이 습관적으로 학습한다. 성적은 끊임없이 물을 붓는 시루의 콩나물처럼 반복과정에서 만들어질 따름이다. 인성 교육조차도 교육이 책임질 것처럼 달려든다.

하지만 교육에 의해 훈련받는다고 해서 단점 없는 사람이 만들어지는 것은 아니다. 더 나은 사람이 되기 위해서는 단점을 보완하거나 장점을 강화해야 한다. 나를 키우기 위한 방법으로 다음 두 가지가 있다.

첫째, 내가 나를 훈수한다는 심정으로 자신을 돌아보고 예전에 했던 말과 행동에서 고칠 점을 되짚어 보는 것이다.

둘째, 내가 남보다 잘할 수 있고, 잘한다고 생각하는 것에 더 몰입하는 것이다.

둘 중 어떤 것을 선택할 것인가? 선택은 나의 몫이다. 오류 자체에 집착하지 말고 오류가 생기는 원인을 이해하고 제거하는 것이 더 중요하다.

 아하! 그렇구나

오류와 단점에 집착하지 말고 강점과 장점에 몰입하기.

1의 가치　　한 끗 차이 ─────────────●

　섭씨 99도의 물은 뜨겁지만 끓지는 않는다. 하지만 1도만 오르면 끓는점에 도달하여 증기가 된다. 섭씨 1도의 물은 차갑지만 얼지는 않는다. 하지만 1도만 내려가면 빙점에 도달하여 얼게 된다. 증기가 되어 공중으로 날아가거나 딱딱한 얼음이 되는 것은 바로 이 1도 차이 때문이다.

　골프에서 파 5의 홀에서 200m를 날리는 드라이버 샷이나 20㎝를 굴리는 퍼팅 스트로크나 모두 1타의 가치를 가진다. 내기를 하는 골퍼들에게 드라이버 샷은 쇼이고, 퍼팅은 머니라고도 한다. 공에 클럽이 닿는 순간이 1타가 되니 확연하게 더하기를 할 수 있다.

　시간의 단위인 '초' 는 초시간주파수 자문위원회CCTF에서 1967년 이후에 정의한 것에 따르면 '세슘-133 원자의 고유진동수1초 동안에 9,192,631,770번 진동, Hz를 기준으로 한 것' 이라고 한다. 막연하면서도 어려운 정의이다.

1은 출발점이자 불변의 지점

포털에 접속해서 '단위변환'이라고 입력을 하면 정말 다양한 단위가 있음을 실감할 수 있다. 길이, 부피, 무게 등 단위를 이루는 모든 도량형은 생활의 전자요 원자다. '1' 다음에 붙는 단위의 크기를 감지할 수 있어야 '크다, 작다, 많다, 적다'를 얘기할 수 있다. 세상이 균등하다는 원리의 출발점은 보편화된 도량형을 같이 공유하고 사용하기 때문이다. 물론 '두어 개, 너덧 개' 같은 애매한 표현을 쓰기도 하지만, 그럼에도 불구하고 모든 단위에는 1이라는 변함없는 단위가 있다. 길이, 부피, 무게뿐만 아니라 금융시장에서도 마찬가지이다. 1원, 1%, 1bp, 1틱의 차이가 큰 차이를 불러오기 때문이다.

이처럼 세상만사에서 표시 단위 1과 기준점은 결정적인 차이를 가져온다. 모든 것의 시작이자 차이의 출발이 바로 1이다.

 아하! 그렇구나

한 끗 차이에 세상이 바뀐다. 한 끗이 디테일의 힘이다.

6.5년의 차이   부창부수의 리더십 ────────●

줄다리기는 하나의 줄을 놓고 서로가 다른 방향으로 당기는 것이다. 팽팽하게 당겨지다 결국 어느 한쪽의 힘에 의해 승패가 결정된다. 멈춰있는 듯해도 많은 에너지를 그 정적인 상태에 쏟아 붓고 있는 것이다.

짐을 나르기 위해 만든 수레도 마찬가지다. 바퀴의 모양과 크기가 일정해야 원하는 방향으로 굴러간다. 어느 한 개가 크거나 작으면 작은 바퀴를 중심으로 수레는 제자리 돌기만 하게 된다. 작더라도 크기가 같은 두 개의 바퀴라면 자분자분 앞으로 나아갈 수 있다. 이런 바퀴 역할을 하는 것이 부부이다. 부부는 바깥양반과 안주인으로 구성되지만 누가 가장이냐의 문제보다는 누가 어느 역할을 담당하느냐로 이해해야 할 것이다. '워킹 맘, 육아 대디'가 그리 어색하지 않은 시대이기 때문이다.

현대적인 의미의 부창부수

혼하게 쓰는 숫자가 그런 뜻이었군!

통계청에 의하면 기대수명은 남성이 79.0세, 여성은 85.5세 (2014년 기준)라고 한다. 여성의 수명이 6.5년 더 길다. 평균적인 부부의 경우 아내가 2~3살 정도 연하인 경우가 많으니 남편보다 10년 정도 더 산다는 뜻이 된다. 또 다른 통계에서는 혼자 사는 남자보다 아내와 함께 사는 남자가 평균수명이 더 길다고 한다. 사람은 관심과 애정을 쏟을 대상이 없어지면, 즉 자기의 역할이 없어지면 수명이 단축된다고 한다.

바야흐로 백세 시대다. 30년 단위로 나눠보면 서른 무렵에 결혼한 남녀는 환갑 무렵에 은퇴하고 아흔 즈음에 세상을 졸업한다. 옛 말에 부창부수夫唱婦隨란 지아비가 노래하고 부인이 따라 하는 자연스런 도리를 일컫는 말이었다. 이제는 반려자이자 동반자인 관계에서 서로에게 힘이 되도록 부부 각자가 때로는 리더가 되고 때로는 팔로워가 되어야 한다는 뜻이 될 것이다.

집에서는 가장이지만 직장에서는 직원이 되는 것처럼 상황에 따라 자신이 해야 하는 마음가짐과 처신을 지킬 때 부부 사이의 부창부수와 리더십, 팔로워십이 이뤄질 것이다. 시키고 부리는 차원의 부부관계라면 얼마나 노예적인 일상이며 힘든 삶이겠는가. 기꺼이 나서서 배려해 주는 관계가 진정한 부창부수가 아닐까 한다.

 아하! 그렇구나
━━━━━━━━━━━━━━━━━━━━━━━━━━━━━━━━━━━
배우자에 대한 배려의 첫걸음은 연금을 챙겨주는 것.

0과1 거짓과 진실 그리고 퍼지 ────────●

형광등은 켜지거나 꺼지거나 두 상태 중 하나다. 컴퓨터 디지털의 2진법도 0과 1의 둘 중 하나다. 4차 산업혁명의 핵심을 이루는 로봇공학과 인공지능은 이 0과 1에서 시작한다. 꺼지든지 켜지든지 '이면 이고 아니면 아닌 것' 이 디지털의 사고체계라 할 것이다. 하지만 디지털은 융통성이 없다. 우리에게는 지지직거리는 LP의 노이즈가 보다 아날로그적이고 인간적인 감동을 준다.

한때 퍼지Fuzzy 세탁기, 퍼지 전기밥솥 등이 인공지능을 표방하며 떠들썩하게 유행했다. 1965년 미국 버클리대학교의 자데 Lotfi A. Zadeh 교수에 의해 도입된 퍼지 집합의 사고방식은 기계의 한계인 이진법의 논리에서 자연 언어 등의 애매함을 정량적으로 표현한다. 즉 옳음/틀림의 논리만을 사용하는 기계의 사고방식을 '인간적' 으로 만들 수 있는 가능성을 제시해주는 이론인 것이다.

0과 1이 전부는 아니다

사람은 퍼지 상태의 추론을 사용한다. 이제는 기계가 추론하는 방법을 퍼지화해서 기계를 더 영리한 도구로 만들 수 있게 되었다. 그러나 좋은 상태를 유지하도록 인공지능을 쓰더라도, 그 '좋은 상태' 에 대한 인간의 판단이 변덕스럽게 또 변한다는 것이 과제가 된다.

누구나 황희 정승의 일화를 잘 알 것이다. 시비를 다투는 두 계집종의 말을 듣고 각자에게 "네 말이 옳다." "네 말도 옳다."고 하고, 옆에서 듣고 있던 벗의 "어찌 둘 다 옳을 수가 있느냐?"는 물음에 "자네 말도 옳소"라고 했다는 그 일화 말이다.

자기가 옳다는 주장만이 난무하는 세상, 그리고 0과 1이 명확한 디지털의 세상에서 상대의 입장과 처지를 인정하는 역지사지의 느린 삶이 도리어 멋있어 보인다.

 아하! 그렇구나

디지털은 사실대로 표현하지만, 그것을 판단하는 것은 착각많은 아날로그 인간이다.

12주 컨틴전시 플랜과 비상금 ─────────●

시트콤이나 드라마에서 자주 인용되는 소재 중에 비상금 또는 용돈 감추기가 있다. 액자, 책갈피, 책상이나 침대 밑, 장롱 이불 사이, 차량 트렁크, 주방, 심지어 냉장고 등등 상상 가능한 또는 상상이 불가한 곳이 선정된다.

사노라면 별 일이 다 일어난다. 그 별 일들은 대부분 지갑의 헌신을 요구한다. 그 과정에서 자금이 부족한 경우도 있다. 갑작스런 퇴직, 입원 등은 미리 예견하기 어렵기 때문에 급전을 돌릴 수 있는 유동성은 늘 갖추고 있어야 한다. 고정 수입이 없다면 얼마의 기간 동안 어느 정도의 수준으로 생활을 유지할 수 있을 것인가에 대해 고민해본 적이 있을 것이다. 이럴 때 만드는 컨틴전시 플랜 contingency plan:위기상황에 대처하기 위한 비상계획을 일컫는 말은 그것이 현실화되지 않기를 바라면서 준비하는 최선의 계획을 뜻한다.

자식을 대여섯 씩 키우던 시대에는 다 큰 자식들이 비상금고

였을 것이다. 하지만 시대가 바뀌었다. 통계청의 인구동태건수 및 동태율 추이2015년에는 합계출산율이 1.24로 나타났다.

비상시 12주를 버틸 수 있는 유동성

1백만 명 씩 태어나던 1970년대 인구가 이제 인구절벽을 맞이하고 있다. 그 시절의 반도 안 되는 아이가 태어나고 있는 것이다. 또한 부부가 자식 없이 살기를 원하는 딩크DINK:Dual Income No Kids족도 늘어나고 있다.

지금의 세태는 언제 무슨 일이 생길지 모르는 형국이다. 어떤 이는 1997년 외환위기 시절보다 더 험악한 시절이 우리 앞에 버티고 있다고도 한다. 서로에게 의지하던 대가족 시절과 달리 가족단위도 점점 작아지고 있다. 그래서 스스로 알아서 비상금을 확보해야 한다. 언제라도 3개월 즉 12주를 버틸 수 있는 유동성이 확보되어 있어야 한다는 의미이다. 외벌이라면 6개월로 길어진다. 이마저도 하루 벌어 하루 사는 인생들에게는 꿈같이 길어보이는 기간이지만 말이다.

 아하! 그렇구나

마이너스 통장, 보험약관대출도 잘 관리하면 비상시에 '믿는 구석'이 된다.

N-1=0 아내의 빈 자리 ───────────●

　퇴근해서 지친 몸을 이끌고 현관을 들어서는 가장이 맞이하는 풍경은 비슷하다. 아이들이 어릴 때는 "아빠!" 하며 반기지만, 조금 크면 게임에 열중한 채 건성건성 목소리 마중만 나온다. 하지만 아이들이 마중을 나와도 가장은 "다들 어디 갔어?" 라고 물을 것이다.

　그의 눈에 아직 아내가 들어오지 않았기 때문이다.

　'든 자리는 몰라도 난 자리는 안다.' 라는 말처럼 사람은 있던 자리에서 보이지 않게 되면 대번에 표가 난다.

　곁에 있던 이가 없어지고 나서야 그 소중함을 인식하게 된다. 평생 병수발을 했던 남편이 사망하고 나서 그의 아내는 이렇게 말했다.

　"이제는 내 푸념을 들어 줄 사람이 없네."

　현재의 일상은 무수한 톱니의 맞물림이다. 얼마나 많은 잔잔한 톱니들이 맞물려서 돌아야 현 상황이 무리 없이 돌아갈지는 계산이 불가하다.

우리는 자연스럽게 시계를 보며 몇 시 몇 분이라고 얘기하지만 시침과 분침이 시간을 가리키기 위해서는 참으로 많은 톱니들이 맞물려 돌아가야 한다. 아무리 작은 톱니라 하더라도 그것이 자기 역할을 못하면 시계 전체는 무용지물이 된다.

한 명이 없어지면 전부가 없어진다

그렇기에 아내, 남편, 그리고 곁에 있는 사람은 그 존재가 없어졌을 때 그 무엇으로도 대체할 수 없는 0이 된다. 그러니 아침에 일어나 잠자리에 들어갈 때까지 나를 둘러싼 모든 것들에 감사의 단어를 던질 필요가 있다.

당연하게 보는 가족, 부모님, 동료, 지인들. 당장 와이파이Wi-Fi가 안 터지는 상황만 생각해봐도 알 수 있다. 지금이 감사하게 느껴지고 그것들 덕분에 내가 이렇게 편하게 하루를 보내는구나 하는 생각이 들 것이다.

일상의 평범함에 정말로 많은 점수를 주었으면 싶다. 혹독한 세파에도 불구하고 어제와 같이 오늘을 성실하고 평범하게 살아가는 것 자체가 기적이다.

자신에게도 '너 대견하다' 하며 칭찬 한마디 던져줄 만하다. 모두가 무심히 당신을 대하고 있다 생각하겠지만 오히려 당신의 꾸준한 일상에 많은 사람이 의지하고 있음을 잊지 말자.

 아하! 그렇구나

여우나 곰이 되는 ' 아내를 왕비로 대하면 남편은 왕이 된다.

30% 민음의 효력과 플라시보 효과 ————•

그리스 신화 속의 피그말리온은 아프로디테의 저주로 방탕하고 문란해진 세상에서 독신으로 지냈다. 대신 자신이 상아로 조각한 아름다운 여인 갈라테이아를 진심으로 사랑하게 되어 진짜 여자가 되기를 소원했다. 요즘 같으면 실물 인형을 만든 것이다. 결국 그의 소원은 이루어져 조각상이 진짜 여인이 되었다.

플라시보 효과위약효과라는 것이 있다. '플라시보Placebo' 란 라틴어에서 유래한 것으로 '만족시킨다' 라는 뜻을 가지고 있다. 약리작용이 없는 물질을 약으로 속여 환자에게 주어 유익한 작용이 나타나는 효과를 의미한다. 위약 처방을 하면 약 30% 정도는 진짜로 병세 호전을 보인다고 한다.

명상의 과학화로 유명한 하버드대학의 벤슨Herbert Benson 박사는 위약이 질병에 대해 이로운 결과를 보인다고 말한다. 그는 미래의학이 진화할 방향을 다리가 셋인 세발의자에 비유해서, 약,

수술과 처치, 그리고 자기관리를 주장한다. 위약 처방이 우울증과 궤양 같은 질병에도 상당 수준까지 효험이 있다고 하니 괜한 말은 아닐 성싶다.

믿음과 아집이 만들어내는 것은?

흥미로운 사례도 많지만 문제점도 있다. 우선 병이 재발하거나 더 악화될 수도 있다. '몰래 카메라' 의 주인공들이 처음에는 가슴을 쓸지만 잠시 후에는 울거나 화를 내는 것과 같다.

또한 '비싼 가짜 약이 싼 가짜 약보다 효과가 좋다' 고 믿는 경우이다. 뭐가 달라도 다를 것이라는 믿음에 돈을 쏟아 붓는 것이다.

심지어 위약효과가 부정적으로 작동하는 경우 실제 좋은 약을 투여해도 치료효과가 없을 수 있다고 한다. 플라시보의 반대인 노시보 nocebo는 해롭다는 믿음 때문에 약의 효과가 떨어지거나 해로운 영향을 끼치는 물질을 가리킨다.

플라시보든 노시보든 일상적인 처방과 치료의 영역은 아니지만, 자기 확신이나 믿음이 결과에 지대한 영향을 준다는 것을 알 수 있다. 신념은 자칫 아집으로 흐르기 쉽다. 합리성을 잃고 오기로 버티는 것은 일을 그르치게 만들고 병을 키운다. 그러므로 지금 벌어지고 있는 눈앞의 현상을 보다 더 능동적인 자세에서 긍정적인 방향으로 보고 받아 들여야 할 것이다.

 아하! 그렇구나

영원히 살 것처럼 꿈꾸고, 내일 죽을 것처럼 간절해지기.

22.9 백세시대 건강지표 BMI ─────────●

'행복하자 / 우리 행복하자 / 아프지 말고 / 아프지 말고'

이런 가사에 울컥한 적이 있다. 가수 자이언티의 '양화대교'에 나오는 노랫말이다. 힘들거나 괴로워도 지금을 즐겁게 받아들이고 아프지 않으면 그게 바로 행복한 것이다.

우리나라 노인인구의 비중은 1960년 2.9%에서 2015년 13.1%로 반세기 만에 4.5배 증가하였다. 세계보건기구의 2015년 보고서에는 2013년 한국인의 건강수명이 73세로 평균수명과 약 9세 차이가 난다.

꽃다운 청춘은 그것만으로도 아름답지만 요즘에는 '젊은 오빠' 세대도 만만찮은 건강을 과시한다. 얼마 전 큰 인기를 끈 '꽃보다 할배'에서 배낭여행에 나선 원로배우 4인의 평균나이는 당시 무려 76세였다.

통계청의 발표에 의하면 2014년의 전체 기대여명은 82.4세, 남자는 78.9세, 여자는 85.5세이다. 1970년의 61.9세 이후 40년 새에 평균수명이 약 20년 늘었다. 축복받은 수명이긴 하지만, 건강 문제로 사회적 역할을 수행하지 못하는 기간을 제외한 건강수명도 생각해야 한다. 질병이나 부상으로 고통 받는 기간에 더하여 돈 없이 고독하게 누워 생활하는 '장수재앙'을 많은 이들이 염려하는 것이다. 65세 이상 노인의 만성질환 유병률이 약 90%에 달하고 있다는 통계가 그 사실을 보여주고 있다.

수명도 양보다 질이다

통계청이 작성한 2014년 10대 사망원인은 악성신생물암, 심장질환, 뇌혈관질환, 고의적 자해자살, 폐렴, 당뇨병, 만성하기도 질환, 간질환, 운수사고, 고혈압성질환의 순이다. 발병 빈도가 높은 비만, 심뇌혈관질환, 당뇨, 간질환 등의 예방도 중요하다.

때문에 평소 생활 속 습관으로 건강을 관리하는 것이 중요한데, 쉽게 계산이 가능한 것 중의 하나가 비만도를 측정하는 체질량지수BMI : Body Mass Index이다. 체질량지수는 체중Kg을 신장m의 제곱으로 나누면 된다. 이 지수가 18.5에서 22.9 사이이면 정상 수준이고 30 이상이면 고도 비만이다. 요즘에는 이 기준이 더 확장되어 17~26에 해당하면 정상이라고 보기도 한다.

22.9의 숫자를 지키는 것은 결국 습관에 달렸다. '9988234' 는 구십 구99세까지 팔팔88하게 살다가 이삼2~3일 앓고 죽자4, 死는 뜻이다. 이제는 나이도 양보다 질을 우선시하는 시대가 되었다. '행복하자 / 아프지 말고' 라는 노래 가사처럼 말이다.

 아하! 그렇구나

건강은 습관이다. 생각-행동-습관-인격-운명의 발전 사슬은 습관-건강-장수로 이어진다.

3   왈츠 같은 세 박자 투자 ————————●

책상다리는 4개다. 평평한 곳은 문제가 없지만 경사진 곳이나 울퉁불퉁한 곳이면 종이라도 괴어야 수평이 유지된다. 반면 사진촬영을 할 때 사용하는 삼각대는 어느 상황에서도 수평을 유지할 수 있다. 다리가 하나 적은 것이 오히려 환경에 잘 적응하게 하는 것이다.

3은 인간에게 특별한 숫자이다. 의견이 맞서면 '정·반·합' 을 얘기하고, 무언가에 도전을 할 때는 '삼 세 번' 을 꺼내든다. '참을 인 세 번이면 살인을 면한다' 는 속담도 있다. 그렇다면 4분의 3 박자 왈츠가 경영 환경에서는 어떻게 적용될까? 경영의 의사결정은 일을 '할 것이냐, 말 것이냐, 아니면 대안을 찾을 것이냐' 이다. 경영에서는 '하지 않는 것' 이 힘들게 다가온다. 아무 것도 하지 않는 상태는 곧 사망한 것이라고 인식되는 까닭이다. 일반적으로 투자는 저축보다 더 불확실하고 덜 안정적인 상태를 이용한다. 그래서 '사거나 팔거나 쉬거나' 의 3박자가 끊임없이 반복된다.

투자에서 '사는 것' 은 소비 행위와 비슷하다. '지름신' 으로 소비를 결행하고 홈쇼핑에서 이번 딱 한 번만이라며 할인행사를 강조하는데, 금융투자의 최대의 적은 조급증이다. 언제라도 되팔 수 있다는 생각과 반대 전략을 동시에 취할 수 있다는 마음이 조급증을 더 부추긴다. 하지만 돈만 있으면 언제든지 할 수 있는 게 사는 것이므로 일반투자자라면 절차나 시스템에 잠금장치를 걸어두어 약간 불편하게 할 필요가 있다.

'사거나, 팔거나, 쉬거나' 의 세 박자의 균형

탐욕과 공포는 투자자를 유혹한다. 일단 사고 나면 제일 어려운 과제인 '파는 일' 이 시작된다. 투자시점의 가격이 앵커링닻내림이 되어 늘 판단의 발목을 잡는다. 이익의 달콤함을 계속 누리고 싶은 욕심 때문이다. 언뜻 사거나 파는 것 보다 쉬워 보이는 것이 투자를 '쉬는 것' 이다. 언제라도 할 수 있을 것 같으니 오히려 쉬지를 않는다. 하지만 파도 속에 있으면서 바다를 보는 것은 쉽지 않다. 한 발 빼 보아야 트렌드와 패러다임의 큰 그림을 볼 수 있다. '못 먹어도 고' 의 심정으로 질러대며 판에 계속 매달려 있으면 낭패를 보는 경우가 있게 마련이다.

아라비아 숫자 3은 오른쪽으로 기울이면 W가 되고, 왼쪽으로 눕히면 M이 된다. WM wealth management은 사자룡와 팔자숏의 타이밍을 위해 늘 '신의 한 수'를 찾는다. 신의 한 수가 보이지 않을 때는 쉬어야 한다. 경험 많은 투자자는 모니터링 없이 기왕에 투자했던 자산에 다시 진입하는 경우가 많다. 냉철한 분석 없이 경험을 통해 '자신이 그 종목의 전문가'라는 착각을 하기 때문이다. 팔고 난 뒤 인터넷 없는 곳으로 며칠 여행을 떠날 수 있다면 그 판단은 꽤 신뢰해도 된다. 쉬는 것도 투자라는 말은 투자만 하면 성공을 할 것이라는 교만한 마음을 버릴 때 비로소 가능해진다.

컨설팅 회사인 맥킨지 방식을 설명한 라지엘 Ethan M. Rasiel의 〈The McKinsey Way〉에서도 3을 강조한다. 무엇이든 3가지로 정리하는 것이 원칙이다. 3이라는 틀에서 어떤 것을 정리해 나가면 핵심이 간결하게 요약된다. 3은 균형감각과 안정감을 주는 숫자이다.

 아하! 그렇구나
사는 순간부터 산 가격을 잊어야 잘 팔 수 있다.

96%　얼굴반찬 —————————————•

　요즘 식당에서 식사할 때 흔한 풍경을 보게 된다. 음식 주문과 동시에 모두 휴대폰을 향해 고개를 숙인다. 일행과 마주하고 있지만 아무도 진짜로 마주하고 있지 않다. 이어지는 두 번째 풍경은 음식을 먹기 전에 연신 사진을 찍어 자신의 SNS에 올리는 것이다. 이런 풍경 속에서 진정한 식사의 의미를 찾을 수 있을까?

　체중을 늘리고 싶을 때 좋은 방법은 다른 이들과 함께 식사를 하는 것이다. 사람들은 누군가와 함께 식사를 할 경우 혼자 먹을 때보다 약 35%를 더 먹는다. 4명이 함께 식사할 경우에는 75%를 더 먹으며, 7명 이상이 함께 식사할 때는 96%를 더 먹는다고 한다. 체중을 늘릴 수 있는 또 다른 방법이 있다. 신문이나 TV 등 주의를 빼앗는 미디어를 보면서 식사하는 것이다. 그러면 포만감을 미처 느끼지 못해 식사량이 많아진다고 한다. 요즘 사람들은 대부분 체중을 줄이는 것을 급선무라고 생각하면서도 실제로는 체중을 늘리는 방식으로 식사하는 셈이다.

식사와 사료는 다르다

인간에게 식욕은 3대 욕구 중 하나이다. 웰빙을 위해서는 쾌면, 쾌식, 쾌변의 세 조건이 충족되어야 한다. 스트레스 없이 기분 좋게 식사하면 소화도 잘 되고 원기가 불어 넣어진다. 반대의 상황에 놓이게 되면 체중감소의 원인이 된다. 사람은 행복해지기 위해 산다. 사상가 이반 일리치는 식사와 사료, 주택과 집을 구분해 제시한 바 있다. 식사의 반대는 사료이다. '의무적으로 먹는 것'이 사료라면 식사는 '스스로를 위하고 서로간의 보살핌 속에서 먹는 것'이다.

맛있는 식사는 방금 지은 따뜻한 밥으로 서로 곰살궂게 대화를 나누면서 하는 것이다. 유기농이 어떻고, 반찬 가짓수가 어떻고 하는 것은 중요치 않다. 보릿고개를 넘으며 배고픔의 시대를 극복한 이들에게는 이제 서로의 '얼굴반찬'이 가장 중요하다. 그러니 밥상머리 교육이 최선의 가정교육이라는 믿음을 갖고 식탁에서만큼은 휴대폰 금지를 선언할 필요가 있다.

 아하! 그렇구나

하루 한 끼라도 서로 얼굴을 마주하고 휴대폰을 내려놓고 식사를 하자.

4:4:2법칙   '상환:소비:저축'의 적정 비율 ⎯⎯•

애니메이션 '쿵푸 팬더'에서 사부 우그웨이는 주인공 포에게 이런 메시지를 전했다.

"이런 말이 있지. 어제는 역사이고, 내일은 미스터리이지만, 오늘은 선물이다. 그것이 바로 'present'라 불리는 이유다.(There is a saying : yesterday is history, tomorrow is a mystery, but today is a gift. That is why it is called the 'present')"

영어에서 '선물'과 '현재'는 같은 단어present이다. '당신의 현재의 상태는 과거의 선택들의 결과다'라고 말한 로빈 샤르마Robin S. Sharma의 말처럼 오늘의 상태가 미래의 결과를 낳는다.

1929년 10월 24일 '검은 목요일'의 주식 시장 붕괴를 시발점으로 미국은 대공황을 맞이했다. 공황이 가장 극심했던 1929년부터 1933년까지 4년 사이에 2만 5천 개의 은행 가운데 9천 개가 쓰러졌고 1933년의 실업률은 23.7%에 이르렀다. 이 공황을 막지 못한 후버 대통령의 공약은 아이러니하게도 "냄비마다 닭고기, 집집마다 자가용 A chicken in every pot, a car in every garage" 이었다. 파산하는 은행, 공장, 기업이 속출했고 실업자는 급증했지만 미국 정부에서는 '이 불경기는 2개월이면 끝날 것이다.' 라며 단순무식하게 낙관했다.

소비는 현재 소득의 40%

그 후 80여 년이 지난 2008년 9월 글로벌 금융위기가 왔다. 이 위기의 주범처럼 등장시키는 상품이 모기지 론이다. 모기지 론은 은행에서 집을 담보로 돈 대략 집값의 70~80%을 빌려 사는 것이다. 제대로 빚을 갚아나갈 수 있는 경우는 프라임 모기지, 그 아래 수준의 신용은 Alt-A, 의심스럽긴 하나 열심히 벌어 갚아 나갈 수 있는 수준의 모기지를 서브프라임 모기지라고 했다. 모기지로 빌려주고 이 자산을 증권화했던 것이다. 증권을 사는 투자자가 그 속사정을 어찌 알았겠는가. 그래서인지 요즘은 금융지능 FQ : Financial Quotient에 대한 교육을 강조한다.

〈부자들의 음모〉에서 기요사키 Robert Toru Kiyosaki는 우리가 돈에 쪼들리고 벌어야 하는 이유를 '세금을 내야하고, 빚을 이자와 함께 갚아야 하고, 오르는 물가로 더 지불해야 하고, 퇴직연금이 부족해서' 라고 하였다.

오늘 나의 소득은 과거에 소비한 것을 상환하기 위해서 쓰인다. 그리고 하루하루 일용할 양식과 여가생활을 위해 소비된다. 소득이 줄거나 없어질 미래를 대비해 저축을 하기도 한다. 좀 더 욕심이 나면 투자를 하고, 마음이 급하면 투기를 한다.

[과거 빚의 상환 : 오늘 삶을 위한 소비 : 미래를 대비한 저축]의 비율은 [4 : 4 : 2]가 적당하다고 일컬어진다. 빚 갚느라 허덕이는 오늘이 몸과 마음을 윤택하게 해주지는 못하겠지만, 잔칫상 받겠다고 삼일 굶는 것도 안쓰럽긴 매한가지다.

이때 이자 부담이 소득의 25% 이상을 넘어서면 가계 붕괴 신호로 받아들여야 한다. 부채가 없다면 과거를 위해 지출_{상환}되는 40%도 투자의 일환이 된다. 요약하자면 현재 소득의 40%만 소비에 쓰는 것이 좋다.

 아하! 그렇구나

진정한 재산은 지식과 건강, 신용과 인맥의 축적이다.

럭키 세븐 　행운과 주문 ───────────

　요즘은 어렵지 않게 자주 접하지만, 연보랏빛 고구마 꽃은 백년에 한 번 볼 수 있는 귀한 꽃이라고 했다. 예쁘기도 하거니와 꽃말이 '행운' 이라고 해서 눈길을 한 번 더 받곤 한다. 어린시절 읽었던 동화 '파랑새' 는 행복이 우리 가까이에 있다는 것을 상징한다.

　그밖에도 행운과 복을 상징하는 것들은 꽤 많다. 정월 초의 조리는 '복조리' 라 불렸고, 서양에서는 2달러짜리 지폐를 행운의 상징이라고 여긴다. 아날로그적인 추억을 자극하는 네잎 클로버도 빼놓을 수 없다. 인형 속에서 더 작은 인형이 대여섯 개 이어져 나오는 러시아의 마트로시카Matryoshka는 행운, 다산, 풍요를 상징했다. 일본의 고양이 인형인 마네키네코도 복을 불러 모으기를 기원하는 것이다.

　문화권마다 선호하거나 기피하는 숫자는 조금씩 다르다. 중국인들이 8八, bā을 선호하는 것은 돈을 번다는 의미의 '발發, fà' 과 발음이 비슷하다는 이유 때문이다. 반면 우리나라는 숫자 4가 죽을 사死를 연상한다고 하여 기피한다. '13일의 금요일' 을 연상시킨다 하여 13층이 없는 건물이나 4층 표시가 없는 건물도 종종 있다. 미국은 독립기념일이 있는 7월을 중요하게 기려 7월을 시작점으로 하는 회계연도나 학기제도 등이 많다.

믿는 대로 이루어진다

그중에서도 숫자 7은 동서양을 막론하고 행운의 숫자 lucky seven 로 통한다. 7이 행운의 숫자가 된 것은 서양 기독교에서 유래되었다고 전해진다. 하느님이 6일 동안 천지창조하고 마지막 7일째에는 일을 하지 않았다는 안식일의 관점이다. 또 다른 주장으로는 3이라는 하늘의 완전수성부, 성자, 성령와 4라는 지상의 완전수동, 서, 남, 북가 더해졌다는 설도 있다.

'럭키 세븐' 의 기원이 정확히 무엇인지보다는 들어서 기분 좋고 기대감을 가지게 한다면 그것만으로도 족하지 않을까? 믿는 대로 이루어진다는 것은 단지 말장난만은 아니다. 멀쩡한 사람도 '멍청이' 라는 얘기를 자주 들으면 자신감을 상실하여 진짜 '멍청이' 가 되어 버린다.

주위의 숫자에 각별한 의미를 부여한다면 무엇이라도 나만의 행운의 숫자로 만들 수 있을 것이다. 볼 때마다 좋은 일이 있을 것이라는 주문을 외우면 된다.

 아하! 그렇구나

떠올리면 힘이 솟는 자신만의 목표 숫자 키워드가 있는가?

0명 구함   구인광고의 빈 칸 ————————————•

청년실업률 두 자리 퍼센트가 낯설지가 않은 시절이다. "괜찮아, 넌 잘하고 있어"라는 광고 멘트로 위로하고 격려하려 해도 받아들이기 힘든 청춘들이다.

한 쪽에서는 취업이 안 되고, 또 한 쪽에서는 기껏 직업을 얻은 청춘들에게 '열정페이'라는 이름으로 급여를 적게 주거나 안 주는 경우가 다반사다.

저주받은 청춘이라고 자조하며 '헬조선'을 이야기하는 것은 오히려 담담하게 느껴진다. 더 이상의 노력이 의미가 없을 때, 앞으로 더 힘든 과정만 예정되어 있다고 느끼면 사람은 삶의 끈을 놓게 된다. 처지를 비관해서 자기 자신에게 취하는 '극단적인 생각'과 '나쁜 생각'을 보험에서는 고의적 자해_{자살}라고 써 놓았다.

인적 없는 곳에서는 귀신보다 낯선 사람이 더 무섭게 느껴진다고 하지만, 그럼에도 불구하고 사람은 사람과 함께 할 때 더 행복하고 음식도 더 맛있게 느낀다. 제임스 캐머론 감독의 영화 '아바타'에서는 나비족과 공룡새가 교감하는 장면이 나온다. 그걸 보며 그 이상의 위대한 첨단이 또 있을까 하는 생각을 했다. 생각은 생각으로 멈추지 않고 현실에서 작동한다.

교감 없는 삶은 비참하다

영어 단어에서는 'pathy'라는 접미어가 붙으면 감정과 관련된 단어가 된다. 동정은 sympathy, 그 반대인 반감은 antipathy이다. 공감은 empathy, 떨어져 있는 것과의 감응은 telepathy, 정신병은 psychopathy이다.

이런 단어에서 알 수 있든 인간은 늘 교감을 하며 산다. 교감되는 것이 전혀 없으면 인간은 비참해진다. 힘들고 삭막한 직장과 직업도 나의 능력을 공유하고 나의 마음을 공감하는 수단이자 과정이다.

그런 의미에서 구인광고 공고문에서 볼 수 있는 채용 인원 란의 '0' 명, 혹은 '00' 명 표시는 각별하게 다가온다. 왠지 저 직장 저 자리에 나를 위한 기회가 있을 것 같은 느낌을 주는 것이다.

생계와 보람을 얻기 위해 오늘도 각종 미디어의 구인구직란에는 소리 없는 아우성이 넘쳐 난다. 구인란을 촘촘히 읽고 구직란

에 이력서를 올리는 청춘, 반퇴 중년, 의욕 장년의 꿈과 의지가 0
명이라는 빈 칸에서 이뤄지기를 기원한다.

 아하! 그렇구나

구직자의 가족은 짐이 아닌 힘이다. '아빠 힘 내세요~' 를 '아빠 돈 내세요~' 로
들으면 안된다.

<u>2+1=2</u> 숫자에 대한 오묘한 심리 ————•

 광고 문구에서는 숫자를 다양하게 활용한다. '2% 부족할 때', '원 플러스 원', '2+1 특판 상품', '100% 과즙', '0% MSG', '감추어진 1인치', 'Since 1956 ', '75년 전통', '9,900원' 등등… 마케팅 중에 뉴머릭 마케팅numeric marketing이란 숫자를 이용한 마케팅을 뜻한다. 단순하고 간단한 숫자로 상품의 인상을 남기고 숫자의 의미를 쉽게 각인시켜서 자연스럽고 오래 기억하게 하는 마케팅 방법이다.

 사람이 숫자에 민감한 것은 비교와 측정을 할 수 있기 때문이다. 왜 마케팅이나 광고에서 숫자를 자주 활용할까?

 첫째, 정직하다는 인상을 준다. '원조, 순, 오리지널, 진짜, 참'이라고 '뻥'을 치는 것보다는 '95% 원액' 이 더 믿음을 준다.

 둘째, 정확하다는 인상을 준다. 측정한 대로 기록했을 것이라고 믿는 것이다.

셋째, 스토리를 전달한다. 예를 들어 숫자 9는 홈쇼핑에서 흔히 보는 숫자이다. 29,900원은 3만 원대가 아닌 2만 원대로 최선의 할인을 한 상품으로 인식된다.

숫자가 인간의 마음을 홀린다

가격과 관련한 심리효과 중에 스노브 효과snob effect가 있다. '난 너희와 달라' 라는 심리로 요약할 수 있는데, '남들이 다 사는 것을 나는 사지 않는다' 라는 음_의 수요 효과로 작동한다. 베블런 효과veblen effect는 사회적 지위를 과시하기 위해 가격이 오르는데도 불구하고 수요가 줄지 않는 현상을 말한다. 명품, 귀금속, 고급 자동차 등의 구매가 여기에 해당된다. 비싸고 구매가 힘들수록 더 갖고 싶고 구매하게 되는 현상이다. 이와 관련한 명품 소비열풍을 소비편승효과라고도 한다.

앞의 두 심리효과와 함께 생각해볼만한 것이 디드로 효과 Diderot effect이다. 설명하자면 '말 타면 종 부리고 싶다' 의 심정이다. 남들과 구별되는 멋진 양복을 맞추면, 거기에 어울리는 좋은 벨트와 구두를 사게 되고, 명품 필기도구와 명함지갑을 갖추고 싶어진다. 나아가 손수건까지도 바꾼다. 구색을 맞추고 싶기 때문이다.

이런 심리를 공략해 마케팅 전략을 취하면 구매심리를 자극하는 시너지가 이루어진다. 베블런 효과는 일반적인 수요 공급의 상식으로는 맞추기가 쉽지 않지만, '그 나물에 그 밥'으로 형성되는 디드로 효과는 어렵지 않게 형성할 수 있다. 어떤 제품을 구매할 때 혜택을 부여하는 조건이 만족스러울 경우, 대부분 동일 회사의 타 제품을 구매하게 되는 것도 같은 이치다.

합리적이고 이기적이라는 인간을 의미하는 '호모 이코노미쿠스'에게 벌어지는 기막히고 오묘한 소비와 구매의 심리가 이토록 다양하고 재미있다.

 아하! 그렇구나
어떤 이들은 보여주기 위해 버릇처럼 소비한다.

18   욕설과 십장생 ————————————•

생각은 말을 만들고, 말은 행동을 낳는다. 간단한 실험을
해보자. '하품'이라는 말을 세 번만 천천히 되뇌어보는 것이다.
두 번 세 번 반복하다 보면 정말로 하품하고 싶은 기운이 느껴질
것이다.

입에서 나오는 말 중 욕설은 어떨까?

욕설과 비속어, 육두문자는 듣는 이에게 불쾌감을 준다. 그런
목적으로 한다. 각박한 현실 속에서 배설의 방편이 되기도 한다.
단어 조합 역량이 증가한 요즘은 새로 만들어지는 욕설도 많다.
미디어에 많이 등장하는 '기레기'는 '쓰레기 같은 막장 기자'라
는 뜻으로 거의 보통명사나 다름없는 신조어가 되어 버렸다.

대사가 욕으로 범벅이 된 영화도 많다. 욕설과 비속어를 간투
사처럼 흔하게 사용하지만 그 의미까지 파고들면 깜짝 놀랄 말
들도 많다. 욕은 아닌데 사용 시기와 어투에 따라 감정을 확 긁

는 표현도 넘친다. '너나 잘 하세요', '웃자고 한 얘기에 죽자고 달려드네', '말이야 막걸리야' 등이 그렇다. 말한 사람은 듣는 사람에게 상처를 준다는 사실을 잘 인식하지 못한다. 상대의 마음과 아픔을 인식하는 데에도 시간이 걸린다.

공감과 애정이 담긴 욕은 욕이 아니다

역설적이게도 우리는 '욕쟁이 할머니'가 있는 가게를 찾아가기도 한다. 공감만 된다면 이것은 정말 정이 듬뿍 담긴 연결고리가 되기 때문이다. 욕이 심할수록 그만큼의 애정을 느끼기도 하는 것이다. 최근에는 '세로드립'이라는 형태로 문장의 앞글자만 떼어내면 비꼬는 말이 되는 시가 있었다. 공모전에 제출되었다가 뒤늦게 법원의 판단을 받은 경우도 있다. 물론 무죄였다.

세상에는 숨길 수 없는 것이 세 가지 있다고 한다. 사랑, 가난, 그리고 기침이다. 마음 속 응어리를 욕 대신 기침하듯 덕담으로 푸는 것도 방법일 것 같다.

욕은 습관이다. 강아지나 성기나 부모와 연관되는 단어보다는 중의적인 뜻을 가진 말로 대신했으면 하는 바램이다. 개나리, 식빵, 신발끈, 심플, 십장생, 시베리안 허스키, 쌍화차, 씨 발라먹기 등. 욕인지 칭찬인지 분간이 안 되게 말이다. 욕설 대신 십장생

의 덕담을 던지는 것도 좋겠다. 십장생은 해, 산, 물, 돌, 구름^{또는}
달, 소나무, 불로초, 거북, 학, 사슴을 뜻하는 장생불로의 상징이
다. 그 말대로 될 것이다. 욕하는 것도 매너와 테크닉이 필요한
생활의 지혜다.

 아하! 그렇구나
- -
욕에도 매너가 필요하다. 입에 배기 전에 자신만의 욕을 결정하라.

150 부자 지수 ──────────────────●

'부자'는 일반적으로 '금융자산을 10억 원 이상 보유한 개인'을 의미한다. 절대적 기준은 아니지만 세계적으로는 '미화 1백만 달러 이상의 투자자산을 보유한 개인'을 고자산가라 정의한다. 한자로 본다면 한 집에 한 명−의 입□만이 밭⊞을 담당하니 부자라는 뜻으로 읽힌다.

영어 HNWI high-net-worth individual 는 거주 부동산을 제외하고 1백만 달러일 때 적용된다. Sub-HNWI는 10만, Very-HNWI는 5백만, Ultra-HNWI는 3천만 달러로 정의되고 있다.

2015년 말 기준 한국 부자 금융자산 10억 원 이상인 개인는 약 21만 1천명0.41%으로 보유 금융자산은 476조 원15.3 규모국민은행, 2016 한국부자 보고서다. 2015년 3월 말 우리나라 가구당 보유자산은 3억 4,246만 원, 부채는 6,181만 원이었다. 2014년 한 해 동안 가구는 평균적으로 4,767만원 벌고, 처분가능소득은 3,924만원통계청,

이었다.

예로부터 부자를 지칭하는 천석꾼, 만석꾼은 주식인 쌀이 소출되는 농지라는 부동산이 기준이었다. 석石은 우리말의 '섬' 과 같고, 1섬은 10말이다. 만석꾼은 1정보 3,000평 기준으로 약 1,000정보 즉 300만 평 정도를 가지는 규모가 된다. 일반적으로 18홀 골프장이 30만평이라고 얘기하니, 골프장 10개 정도는 되는 크기로 상상하면 될 듯하다. 여의도 면적인 87만 7250평으로 비교하자면 3.4배가 된다. 참고로 축구장의 국제규격7140㎡은 2,160평에 해당한다.

돈의 액수보다는 의미가 먼저다

'나는 부자인가?' 혹은 '재무적으로 잘 살아 왔는가?' 나아가 '앞으로 부자가 될 수 있을까?' 를 진단하는 간단한 계산식이 부자지수다.

개인의 순자산, 연령, 소득수준을 통해 계산하는 것인데, 개인의 경제적 위치와 재정 관리의 효율성을 진단하게 된다. 스탠리 Thomas J. Stanley 박사의 저서 '이웃집 백만장자' 에서 소개한 부자지수 산식은 이렇다.

부자지수 = (순자산액×10)/(나이×연간 총소득)

순자산액은 총자산에서 부채를 빼면 되고, 연간 총소득은 연봉과 이자 등 금융소득으로 1년간 벌어들인 총소득이다. 1이 기준이니 0.5이면 문제가 있다는 뜻이고, 2 이상이면 아주 잘해오고 있다는 뜻이다. 부자지수는 막 직업을 얻어서 이제 소득이 발생한 사람에게는 큰 의미가 없다.

반면 한참 세월이 지난 사람이 지수를 계산했다고 해서 이후 달리 무엇을 어쩔까 싶다. 그냥 지금보다 더 꼼꼼하게 살자고 다짐하는 정도로 받아들이면 된다.

연령대별로 내가 부자인지에 대한 판단은 매년 발간되는 통계청의 '가계금융·복지조사 보고서', 국민은행의 '한국부자보고서'를 참고하면 될 듯하다. 세계적으로는 'Credit Suisse's Global Wealth Report'가 매년 나오고 있어서 참고할 수 있다. 모두가 부자가 되었다손 치더라도 상대적으로 가난하다고 느끼는 사람들은 더 불행하다고 할 것은 뻔하다. 양극화의 그늘 없이 모두 부자가 되는 길은 쉽지 않다. 돈의 액수보다는 삶의 의미를 생각하며 안분지족安分知足으로 가득 채우는 법을 익혀야 할 것이다.

 아하! 그렇구나

왜 부자가 되려고 하는지 그리고 어느 수준을 원하는 지를 자문해 보기.

2,000비트   뇌의 정보처리 ───────●

너무 작은 숫자나 큰 숫자를 제시하면 우리의 의식은 판단을 포기한다. '그런가보다' 하며 고개를 주억거리는 것이 다일 때도 있다. 그중 대표적인 예가 우리 뇌에 대한 수치이다.

각종 자료를 통해 얻은 사람 성인의 뇌에 대한 수치적 정보는 다음과 같다. 무게는 약 1.5kg1,400~1,600g, 90% 수분으로 순두부보다 묽으며, 뇌 안에는 1조 개의 세포가 있고 그 안에는 1,000억 개의 기본단위인 신경세포뉴런가 구성되어 있다.

각 뉴런은 밀접하게 연락망을 이루고 있고, 신경세포체와 신경돌기로 이뤄져 있다. 신경돌기는 수상돌기나뭇가지 모양, 수신와 축색돌기축 모양, 전달로 구성된다. 하나의 뉴런은 다른 뉴런과 연결해 신경회로를 형성하고 있다.

뉴런과 뉴런이 연결되는 부분을 시냅스라고 하는데 전기, 화학적 신호를 주고받아 정보를 전송하고 처리한다. 큰 뉴런의 경우 5,000~10,000 개의 시냅스가 있으니 결국 약 500~1,000조 개로 추산할 수 있다.

자기 자신도 알지 못하는 무의식의 세계

이 엄청난 수치 너머에는 더 엄청난 비밀들이 있다. 뇌의 작용에서 비롯된 마음, 심리의 여러 개념이 그것이다.

마음은 정신분석학적 접근으로는 현재의식, 무의식, 심층의식을 뜻한다.

융은 개인의 무의식과 전 인류에 공통되는 집단무의식을 구분했다. 또 '백문이 불여일견百聞不如一見'이라는 말처럼 인간이 처리하는 감각정보의 80% 정도는 시각이 차지한다.

외부 정보를 사람의 뇌가 처리하는 속도는 초당 4,000억 비트의 어마어마한 양이고, 이중 2,000비트 정도를 뇌에서 인식하며 그 중의 일부만 의식으로 알 수 있다고 한다.

연관지어 생각할 만한 예로, 현대인이 하루 동안 접하는 광고 메시지는 3,000~5,000개인데, 노출된 광고 중 소비자 눈에 띄는 수는 360개이고, 그 중 소비자가 기억하는 수는 18개라고 한다.

생각 컨데 필자의 판단으로 이들 숫자의 크고 작음이나 맞고 틀림을 가릴 역량은 당연 없다.

다만 부지불식간에 엄청난 자료가 처리되고 있다는 생각만큼
은 든다

 아하! 그렇구나

일상에서 사용하는 수와 야구선수들이 타율을 계산 할 때 쓰는 단위.

사(絲) 0.00001
모(毛) 0.0001
리(厘) 0.001
푼(分) 0.01
할(割) 0.1
일(一,壹) 1
십(十,拾) 10
백(百) 100
천(千,阡) 1,000
만(萬) 10,000
억(億) 100,000,000
조(兆) 1,000,000,000,000
경(京) 10,000,000,000,000,000
해(垓) 100,000,000,000,000,000,000

흔하게 쓰는 숫자가 그런 뜻이었군!　　　　　　　　　　: 75

$\frac{1}{2}死=\frac{1}{2}生$ 죽는 것이 곧 사는 것 ●

사는 것은 죽는 것이다. 가끔 쓰는 우스갯소리 중에 '반쯤 죽여 놓았다'를 수식으로 쓰면 $\frac{1}{2}死=\frac{1}{2}生$으로 변한다. 양쪽에 두 배씩 곱하면 $\times 2$ 死=生이 된다. '죽는 것이 사는 것'이 된다.

'초심불망 마부작침初心不忘 磨斧作針'은 '초심을 잊지 않고, 도끼를 갈아 바늘을 만든다'는 말이다. 중간에 그만두지만 않는다면 도끼가 갈아져서 바늘이 된다는 것이다. 중간에 의지가 흔들리거나 자신과의 타협을 원천봉쇄하기 위해 아예 죽기 아니면 까무러치기로 배수진을 치기도 한다. 생사 결단을 내겠다는 심정으로 '밥 지을 솥을 깨뜨리고 타고 돌아갈 배를 가라앉힌다'는 말이 바로 '파부침주破釜沈舟'이다.

당신 인생의 최고의 작품은?

이 상반된 두 가지 현상은 궁하면 통하는 궁즉통窮則通의 원리와도 같다. 양극단의 모습은 '생즉필사'와 '사즉필생'처럼 작동하여, 쓰는 게 버는 것, 먹는 게 남는 것, 노는 게 느는 것, 자는 게 쉬는 것 등이 될 수 있다.

그러므로 지금 불편한 것, 지금 없는 것, 지금 불리한 것의 저편에는 편한 것, 있는 것, 유리한 것이 같이 마주하고 있다. 인디언들이 기우제를 올리면 100% 비가 오는 신통방통함도 결국 '비가 올 때까지' 기우제를 멈추지 않았기 때문이다.

예술가들에게 당신 인생에서 최고의 작품이 무엇이냐고 물으면 그들은 '내 인생 최고의 작품은 바로 다음 작품'이라고 말한다. 그것을 위해 '죽기로 작업한다는 것이다. 내세울 것은 없지만 필자 또한 다음 강의가 마지막이라는 심정으로 교안을 만들고 준비한다.

 아하! 그렇구나

죽기 살기로 했다 하지 말고, 죽을 각오로 몰입하되 즐기면 된다.

2%의 금리, 5%의 금리   멘탈 어카운팅   ━━━━━━●

한 번의 연체도 없이 꾸준히 갚아온 대출이 두 가지가 있었다. 신용대출 5%, 주택담보대출 2%. 주택담보대출 여력이 높은 상황이었지만 은행과 필자는 서로 아무 탈 없이 잘 지내왔다. 또 다른 경우로, 급전으로 빌려 주었던 돈을 돌려받았는데 며칠 공들여 준비한 강의료가 딱 그 정도 수준이었다. 그런데 급전 돌려받은 날 거하게 한 턱 쏘니 몇 십 만원이 쑥 빠졌다.

업무상 서로 일정한 형식을 갖추거나 거리를 두어야 할 경우를 차이니즈 월Chinese wall이라고 한다. '뻥쳐서' 달에서도 보인다는 중국의 만리장성을 뜻한다. 그 긴 성이 목축과 농경 지역의 경계를 구분했다는데 요즘은 기업 내 정보교류 차단 장치를 뜻하는 말로 쓰이고 있다. 이러한 긴 담벼락이 우리 마음속에도 존재한다. 머릿속에 여러 주머니가 각기 다른 곳에 위치한다.

위에 말한 두 대출 건은 담보대출을 추가로 받아서 고금리 대출을 상환하면 앉아서 3%의 비용이 절감된다. 1천만 원만 되어도 30만 원이니 꽤 쏠쏠하다. 빌려줬다가 돌려받은 돈과 강사료는 모두 내 돈이고 꼬리표가 있는 것도 아니건만 다르게 인식된다. 노름판에서 번 돈으로 기분 내며 식사 대접하는 것과 같다.

사람의 마음속 지갑은 각각 여러 개

큰 부자라고 해서 지갑이 꼭 큰 것도 아니다. 부자라 칭할 수 있는 사람들도 골프를 칠 때 자신이 친 공이 그린 주변의 해저드에 빠지면 기를 쓰고 공을 건져내곤 한다. 클럽으로 공을 끌어오고 어깨를 적셔가며 집어 올리기도 한다.

사람의 마음속 지갑은 여러 개다. 이를 심적 회계(멘탈 어카운팅, mental accounting)의 사례라 할 수 있다. 장부에 기재하면 효과는 똑같은데도, 우리의 마음은 제한된 합리성과 착시현상을 보이곤 한다. 시간에 따라, 손익의 원천에 따라 의외의 결정이 이루어지지만 쉽게 인식하지 못한다.

커피전문점에서 커피 한 잔을 주문하면서 현금으로 지불할 때, 카드로 결제할 때, 쿠폰으로 지급할 때를 떠올려 보자. 같은 액수임에도 각각 다르게 느껴질 것이다.

 아하! 그렇구나

회계는 회개하는 마음으로 돌아보아야 빈틈이 보인다.

24달러　맨해튼과 스마트워크 세대 ————•

　여의도를 3만원에 산다면? 당연히 '대박!' 이라는 소리가 나올 것이다. 그렇다면 미국 뉴욕의 맨해튼은 어떨까?

　1626년 네덜란드 최초 이주민들의 대표 미누이트Peter Minuit는 네덜란드 돈으로 60길더영국 화폐 2400센트 상당에 해당하는 물품을 인디언 추장들에게 제시하고 양도 매매계약을 제시했다. 24달러 역사의 시작이다. 그로부터 390년 정도 지났으니 매년 7% 정도로 지속 성장하였다고 가정하면 7조 달러 정도가 된다. 마술과 같은 복리를 설명할 때 제시하는 수치이다. 이런 셈법으로 인디언이 현명한 거래를 했다고도 한다.

　맨해튼에는 전 세계 금융계의 중심 월가Wall Street가 있다. 2011년 이곳에서 '월가를 점령하라' 는 시위가 있었다. 미국을 경제위기에 빠뜨리고도 수백만 달러의 퇴직금을 챙겨 떠나는 월가 최고경영자들에게 분노하며 일어났다. 미국의 상위 1%가 미국 전체 부의 50%를 누리는 현실에 대한 투쟁이었다. 어느 나라에서나 비슷한 현상이어서 삽시간에 전 세계로 퍼져 나갔다. 서울 여의도에서도 대대적이지는 않았지만 시위가 있었다.

네트워크가 지배하는 초지능화 산업혁명 시대

여의도도 섬이고 맨해튼도 섬이며, 금융회사가 밀집되어 있다는 공통점이 있긴 하다. 오전 11시 40분의 여의도에는 점심을 먹으러 가는 흰색 물결이 흐른다. 이들 중 절대적인 비중은 전후에 태어난 '베이비붐 세대'와 이들의 자식 세대들이다.

메아리echo처럼 돌아와 시대의 전면에 서게 된 것이다. 소위 '에코세대'는 나라마다 조금씩 다르지만 대체로 20대 초반에서 30대 초반1979~1992년생의 팔팔하고 스마트한 삶들이다. 스마트워크에 익숙한 세대들이다.

이들이 끌어가는 스마트워크의 세상은 일과 일터를 철저히 개인화시킨다. 집에서 근무하는 재在테크나 탄력근무시간, 유연근무제가 적용되고, 스마트워크 센터를 통한 모바일 오피스를 자연스럽게 받아들인다. 24시간 운영되는 편의점과 같이 스마트폰은 24시간 퇴근 없는 압박의 근무환경을 조장하기도 한다. 모든 의사결정과 생산물이 네트워크를 타고 흐른다. 배우자보다 더 가까운 곳에 존재하며 잠드는 순간까지도 같이한다.

로봇공학과 인공지능, 빅데이터, 디지털 화폐, 무인 전기자동차와 드론, 실시간 자동통역, 로보 어드바이저, IoT things와 IoE everything, 줄기세포와 바이오 뇌공학 등은 최근의 화두요 키워드들이다. 증기력-전기력-자기력으로 이어지는 제1차 농업화, 2차 산업화, 3차 정보화의 산업혁명이 이제 집단지성을 기반으로 한 지력知力의 제4차 초지능화 superintelligence 산업혁명으로 진입하고 있다.

스마트워크는 이러한 혁명을 위한 유무형의 인프라요 생활양식이다. 맨해튼과 여의도는 고립된 갈라파고스 섬이 아니다. 전 세계로 망이 뻗쳐있는 산업혁명의 한 노드이다.

 아하! 그렇구나

하이테크는 하이터치를 추구해야 한다.

2달러 지폐 가격과 가치 ───────────────●

'마이 웨이'를 부른 프랭크 시내트라가 여배우 그레이스 켈리에게 2달러짜리 지폐를 건네며, '행운이 있을 것'이라고 말한 얼마 후 그녀가 모나코의 왕비가 되었다고 한다. 그런 연유로 2달러짜리 지폐는 행운의 상징으로 여겨진다.

이 지폐를 자세히 들여다보면 작은 글씨로 '이 지폐는 모든 공적·사적 부채에 대한 법화이다.THIS NOTE IS LEGAL TENDER FOR ALL DEBTS PUBLIC AND PRIVATE'라고 인쇄되어 있다. 정부에 대한 빚을 갚거나 세금을 낼 때 내면 받아준다는 뜻이다. 미국 초대 정치인 벤저민 프랭클린은 '이 세상에서 죽음과 세금만큼 확실한 것은 없다'라고 했으니 피할 방법이 없는 것으로 받아들이면 될 것이다.

피할 수 없는 죽음과 관련해서 많이 인용되는 문구 중에 케인즈John Maynard Keynes의 'In the long run we are all dead.'이라는

말이 있다. 우리는 결국에는 모두 죽는다는 말인데, 정책에 대한 역할과 우선과 완급을 얘기할 때 많이 등장하는 표현이다. 대공황 때 고전학파 경제학자들이 정부가 시장에 개입하는 것에 반대하면서 '장기적으로 시장이 균형을 찾아간다' 고 한 데 대한 응수이다.

가격과 가치에는 철학이 숨어 있다

우리가 물건을 살 때 지급하는 돈의 액수를 물가라 하고, 그것이 지속적으로 오를 때 인플레이션이라고 표현한다. '인플레이션은 언제, 어떠한 경우라도 화폐적 현상이다' 라는 말도 늘 따라다니는 구절이다. 어떤 물건을 사서 지불할 때 매겨지는 양이 가격이라면, 쓰임새를 감안해서 말할 때는 가치라고 한다. '가격'은 사고자 하는 세력사자과 팔고자 하는 세력팔자이 만들어 내는 생물 같은 것이다.

우리는 물건에 적혀있는 가격에 맞추어 화폐에 적혀있는 숫자로 거래를 한다. 나라마다 통용되는 화폐통화 이름은 다르다. 일본은 엔, 중국은 위안, 영국은 파운드, 미국은 달러, 유로 지역은 유로, 그 밖에 스위스 프랑, 도이치 마르크, 인도 루피, 태국 바트 등등 무수하다. 화폐 간에 사용되는 교환비율은 환율이다.

사기 힘들어 지고 귀해질수록 가격은 올라가고, 많은 이들이 찾는 물건일 때도 올라간다. 가격은 지금까지 합의되어 거래된 역사적 사실에서 너무 벗어나지 않게 움직인다. 이것을 벗어날 때 거품버블이 꼈다고 한다.

가격에 스며있는 시장심리와 현재 경기·경제 지표에 대한 해석을 걷어내면 '가치' 가 된다. 그래서 가격과 가치에는 평가라는 절차가 있다. 훌륭한 효용가치가 있어도 나에게 불필요하면 가격은 무의미해진다. 사막에서의 물처럼 극단적인 상황에서도 가격은 없어진다. 가격과 가치는 금융투자자에게 있어 전 과정을 통해 철학적 사고를 하게 하는 현실적 단어이다.

 아하! 그렇구나

기념품 된 '100조 짐바브웨 달러' 나, 추첨일 지난 로또 복권이나.

<u>6.8초~8.5초</u> 경적이 울리는 시간 차이 ───●

사람을 만날 때는 첫눈에 여러 가지가 인식된다. 남자인가 여자인가, 나이가 많은가 적은가, 그 밖에 머리나 복장을 보고 그 사람에 대해 가늠한다. 사람을 대할 때 얼굴에서 성격을 읽고 목소리에서 감정을 읽게 된다. 그리고 몸짓과 표정에서 본심을 느끼게 된다. 눈을 통해 보는 것으로 우리는 80% 이상의 정보를 얻는다. 얼굴은 타고나는 것 외에도 생활환경에서도 만들어진다. 밝은 성격은 고운 표정선을 만든다. '뒤셴 미소' 란 진심어린 웃음을 의미한다. 억지로 웃는 미소에는 사람을 끌어들이는 힘이 없다.

보는 것에서 좀 더 깊이 들어가면 관계와 학습에 대해 이야기할 수 있다. 개에게는 노래를 가르칠 수 없다. 상황과 상태가 맞아야 한다. 맹모삼천지교의 원리는 강남 아줌마들의 치맛바람과는 다르다. 잦은 이사가 아이 공부에 도움이 될 리는 없다. 그럼에도 기꺼이 이사를 가는 것은 듣고 보는 최적화된 상황과 상태로 교육 환경을 리셋해 주려는 의도였을 것이다. 혹여 값비싼 고액과외가 상황과 상태를 만든다고 착각하겠지만 그것은 오히려 '이렇게 투자하니 자나 깨나 공부만 하라'는 압박이 되어 버린다.

상대의 눈으로 거울 속의 나를 보라

하버마커Andy Habermacher의 '폭스팩터'에는 '저가의 자동차를 몰 때 뒤차가 경적을 울리는 데 평균 6.8초가 걸린 반면, 고가의 자동차는 평균 8.5초가 걸렸다'는 내용이 있다. 7초가 안 되는 시간과 8초가 넘는 시간 사이에 어떤 차이가 있을까? 뒤차에서 운전대를 잡고 있는 사람은 앞차의 엠블럼을 통해 그 차의 운전자가 어떤 사람인지를 의식하고 경적을 울렸을 것이다. 상대방에 대해 의식을 하는 데 이만큼의 시간 차이가 난 것이다.

잠시 눈을 감고 지금 가장 원하는 일 혹은 해야 하는 일이 무엇인지 생각해 보자. 만일 업무에 집중해야 한다면 현재 보이는 책상과 주변을 먼저 재구성해야 한다. 환경, 장비, 분위기, 정리정돈, 시간, 순서 등에서 불필요한 것을 걷어내야 한다. 기존의 환경이 만족스럽더라도 배치를 달리하면 새롭게 느껴진다.

컴퓨터와 달리 맥락 속에서 일하는 인간은 환경과 상태에 따라 달라진다.

옷을 예로 들자면 무작정 비싼 옷이 아니라 센스 있는 옷차림을 하자는 것이다. 옷차림만 달리해도 주변 사람들이 그들 눈에 비춰지는 나의 모습에 따라 나를 다르게 대할 것이다.

 아하! 그렇구나

차려 입은 거지는 얻어먹어도 헐벗은 거지는 못 얻어 먹는다고 한다.

5종　청문회 단골 세트 ————————————●

　우리나라 청문회에는 '5종 세트'가 있다. 논문 표절, 병역 기피, 위장 전입, 부동산 투기, 세금 탈루이다. 후보자나 증인은 '어린시절', '민간인 시절' 또는 '산업화 시절'에 잘 모르고 저지른 부덕의 소치로 '유감'을 표명한다.

　5종 세트는 우리 삶의 주요 원천 5가지이기도 하다. 좋은 학벌과 학력으로 인정받고 학연, 혈연, 지연의 네트워크를 유지하기 위해서 '논문 표절'이라는 지적 강도짓으로 시작된다. 사지 건강한 대한민국 남자의 몫을 '그건 네 생각이고~' 하며 피하는 '병역 기피'를 한다. 부동산 매매나 자녀에게 좋은 학군 환경을 위해 자연스럽게 '위장 전입'을 한다. 사람은 서울로 보내고 가진 사람은 좋은 학군으로 들어가니 수요가 있는 곳의 물건 값은 오른다. 당연히 '부동산 투기'가 이루어진다. 앞선 정보를 다른 사람보다 먼저 받아 챙기는 것이라 이익이 날 수밖에 없다. 이익이 있는 곳에 세금이 있다는 명제는 그 과세표준액을 낮추거나 감추면 아무 소용이 없다. 그래서 절세라는 합법의 그늘 밖에서 '세금 탈루'를 한다.

우리 삶에 박탈감을 주는 5종 세트

그럼에도 불구하고 청문회에서는 "불법은 없었고 의도적이지 않았으며 일부는 과장됐다"는 항변만이 변함없이 등장한다. 이러한 사회에서 '노블리스 오블리주nobless oblige'는 찾아보기 어렵다. "화폐는 인간의 노동과 생존의 양도된 본질이다. 이 본질은 인간을 지배하며 인간은 이것을 숭배한다."고 한 마르크스의 말이 떠오른다.

더불어 양극화 속도도 빨라지고 있다. 우리나라의 경우 10%의 국민이 45%의 소득 집중도를 보이는데2012년, 유래가 드물게 가파르게 그 비중이 올라가고 있다. 외환위기 이전인 1995년에만 해도 29.2%로 보통 수준이었다. 상류지역에 서지 못하는 사람의 상대적 박탈감은 커지고 '안구 굴리는' 일만 남는다. 사람은 돈을 번 곳, 번 방법, 쓸 계획에 따라 돈마다 꼬리표를 붙이고 다르게 인식한다. 하지만 5종 세트가 만들어 내는 기승전-'돈'의 세상은 그것을 능력이라고 인식하는 듯하다.

건국 이후 가장 많이 불린 여성의 이름이 유관순과 김영란이라고 한다. 2016년 9월 28일은 "부정청탁 및 금품 등 수수의 금지에 관한 법률^{약칭 : 청탁금지법}"이 법률 제13278호로 시행된 날이다. 후한시대 양진의 사지^{四知 : 이 비밀을 하늘이 알고, 땅이 알고, 네가 알고, 내가 안다}가 21세기에 법률로 등장한 것이다.

 아하! 그렇구나
팩트: 하늘이 알고 땅이 알고 네가 알고 내가 안다. 법: 시절따라 변한다.

7, 16.9 　소주 7잔, 그리고 16.9도 ───────●

　그리스 신화의 디오니소스는 로마어로 바쿠스Bacchus, 영어로 '바커스'이다. 포도를 발효하던 디오니소스의 앞을 지나갔던 사자, 원숭이, 개, 돼지의 차례로 그 피를 넣어 술을 만들었다 한다. 그래서 취기가 오르기 시작하면 사자처럼 호방해지고, 다음은 원숭이처럼 희희낙락하다가, 조금 더 취하면 개처럼 싸우려고 하고, 급기야 돼지처럼 아무데서나 눕고 게우고 자게 된다.

　술은 어른 앞에서 배워야 한다고 하는데, 지성의 마당인 대학 새내기 환영회에는 선배들이 주도해서 사달이 나나 싶기도 하다. 주도를 제대로 배우면 연장자에게 먼저 술을 권한다. 아랫사람은 술잔을 두 손으로 공손하게 받아 몸을 뒤로 돌려 손윗사람에게 술잔이 보이지 않도록 해서 마신다.

　주당酒黨은 술을 적건 많건 즐기는 사람을 일컫는다. 음주 역량에 따라, 주신酒神-주선酒仙-주성酒聖-주현酒賢-주호酒豪-주걸酒

傑-주사酒士-주졸酒卒이 된다. 시인 조지훈의 주도 18단계에서는 격조, 품격, 스타일 그리고 주량 등을 따진다. 술을 안 마시는 9급의 '부주' 단계에서부터 술로 인해 다른 술 세상으로 떠난 9단의 '폐주' 까지 얘기한다.

술의 도수가 낮아지는 호텔링의 역설 현상

소주燒酒에 불 '화火' 가 있는 것은 증류주임을 나타낸다. 고구마 등의 곡물과 누룩으로 발효시킨 후 증류해서 빚는데 요즘 소주는 주정에틸알코올에 물을 탄 희석식 소주15~25%이다. 대부분의 수로 나누어지는 72법칙만큼 예술적인 숫자가 한 병의 소주가 주는 7잔이다. 둘이 먹건, 셋, 넷, 다섯, 여섯이 먹건 한 잔이 남거나 모자란다. 첨잔하지 않는다면 매상이 오르는 구조다. 알코올 도수도 1924년 35도에서 시작되어 이제 16.9도까지 그 도수가 낮아졌다. 한 병으로 취하던 이들이라면 두 병, 세 병으로 주량이 늘 수밖에 없다. 역시 매상이 오른다.

도수가 낮아지는 현상을 '호텔링Harold Hoteling의 역설' 로 풀기도 한다. 더 많은 주당을 찾아 모시려고 낮아진 도수로 인해 원래의 고객층은 욕구가 충족되지 않게 된다. 독점과 차별성의 경계가 고객 확보라는 경쟁으로 열어지는 것이다. 비슷한 시기에 하는 백화점 세일이 서로 다른 시기에 있게 되면 소비자가 더 유리할 수 있지만 대개 그렇게 하지 않는다. 그래서 역설이다. 보수와 진보가 선거철이 되면 중도를 지향하는 것과 비슷하다.

술자리의 엔진기어는 건배사다. 가장 흔히 쓰는 '위하여' 부터 필살기처럼 자기만의 건배사를 만들기도 한다. 흔히 외치는 '원샷' 은 'Bottoms up' 처럼 머리 위에서 잔을 털라는 뜻은 아닐 터. '원하는 만큼' 만 마시고 잔을 내려놓으면 된다는 뜻으로 새기면 될 것이다.

 아하! 그렇구나

술은 술시(戌時 19:00~21:00)까지만 마시면 탈이 없다.

1도 체감온도와 온실가스 ──────────●

겨울 산행 시 기상조건은 기온과 바람이 좌지우지한다. 외부에 있는 사람이 느끼는 온도는 노출된 피부가 바람과 한기에 열을 빼앗길 때 느끼는 추운 정도에 따라 달라진다. 즉 기온이 올라가면 체감온도는 올라가고, 바람이 불면 체감온도는 내려간다.

예보를 듣고 볼 때 기온과 풍속에 귀를 기울이는 것은 체감온도를 생각하기 때문이다. 바람이 강해질수록 피부의 열 손실률은 높아져서 결국 내부 체온을 떨어뜨리게 된다. 이런 체감온도는 우리 몸이 느끼는 온도로서 기온, 풍속, 습도, 일사 등을 따져서 복잡한 계산수식에 의해 계산한다.

같은 온도라도 기온과 수온을 통해 우리가 느끼는 체감은 달라진다. 같은 기온에서도 바람의 세기에 따라 느끼는 온도는 달라진다. 공기가 기온이라면 물은 수온이다. 물고기는 당연히 수온의 영향을 크게 받는다. 낚시와 관련해서는 수온과 기온의 적온 균형을 이해할 필요가 있다. 낮에는 물이 기온에 의해 천천히 데워졌다가 밤에는 공기보다 천천히 식는다. 반면 공기는 낮에 빨리 데워져 밤에는 빨리 식어 버린다.

1도 차이로 빙하가 물이 된다

섭씨 90도를 오르내리는 사우나에서 땀을 죽죽 흘리다가도 섭씨 40도의 온탕에서는 그만큼 오래 있기가 힘들다. 어류의 체감 온도는 수온 1도 마다 6배를 느낀다고 한다. 사람이라면 재채기 반응을 일으키거나 감기 기운이 들 것이다.

근래 40년 동안 우리나라 해안의 표층 수온이 1도 내외로 상승했다고 한다. 25도의 가을 기온이 31도의 여름이 되었다고 생각하면 엄청난 변화다. 어장에서 흔하던 명태는 이제 사라져 '금태'가 되었다. 수온이 25도를 넘어가자 가두리 어장의 양식어가 허옇게 배를 드러냈다는 뉴스가 이어진다.

아열대 기후가 되어가는 현실에서 기후에 대응하는 사람의 체감온도는 더욱 무력하다. 2015년부터는 '탄소배출권'이 거래소를 통해 거래되고 있다. 1도의 차이로 빙하는 얼음에서 물이 된다. 1928년 얼음으로 뒤덮였던 아르헨티나 파타고니아의 업살라

빙하지대는 100년도 안 되어 호수로 변했다. 2008년 올림픽을 개최한 베이징은 악명 높은 최악의 스모그 경보를 갱신해서 발령하고 있다. 폴리네시아에 있는 섬나라 투발루Tuvalu는 해수면 상승으로 곧 잠겨 없어질 것으로 예견되면서 뉴질랜드로 이주를 시작했다. 그 주범이 온실가스라 하니 생활 속 관심도를 올릴 필요가 있겠다. 우리가 이 나라를 버리고 어디로 이주해 어찌 살겠는가.

 아하! 그렇구나

마지막 1도, 1미터, 1명, 1분의 다음 단계에 터닝포인트가 있다.

chapter **2**

무슨 기준에서
시작됐을까?

0   인생의 라운드넘버 ────────────────●

'라운드넘버round number' 란 자리마다 0이 되는 숫자를 의미하는 것으로 '마디 숫자' 라고도 한다. 일반적으로 어떤 지표나 가격이 라운드넘버에 근접하면 심리적으로 저항이나 지지를 받는다. 그래서 라운드넘버 근처에서는 속도조절 혹은 가격조정 과정을 거치게 된다. 다우지수의 경우에도 천1,000 단위를 돌파할 때마다 기록을 남긴다.

투자자로서 라운드넘버의 의미를 어떻게 부여할까? 대표적인 주가지수인 다우존스산업평균지수DJIA의 마일스톤은 1972년 11월 1,000pt 선을 돌파한 이후 2,000 선을 돌파하기까지 15년이 걸렸다. 1999년 3월 10,000선을 돌파하였고 17년이 지난 요즈음 20,000선 돌파를 목전에 두고 있다. 우리나라 코스피KOSPI의 경우 2015년 상반기에 2,200pt 선을 깬다고 호들갑을 떤 적도 있었지만 '박스피' 라는 이름으로 6년째 1,800과 2,050 사이에서 오르내림을 반복하고 있다.

바야흐로 저금리 시대에 돌입했다. 마이너스 금리까지도 정책적으로 받아들이는 형국이며, 경기부양이나 진작을 위해 조절하는 기준금리는 대개 25bp 수준으로 오르내린다. 적정 기준금리를 산정할 때 작동한다는 테일러 준칙Taylor's Rule도 성장과 물가의 비중을 라운드넘버로 정하지 않을까 싶다.

라운드넘버를 대하는 우리의 심리

1997년 12월 하순 우리는 2,000원 선을 넘어선 환율에 좌절했다. 폭등하는 환율을 보며 금 모으기로 좌절의 시기를 극복했다. 일본은 1985년 9월 플라자 합의 시절 달러당 240엔 하던 환율이 2~3년도 안되어 120엔까지 내려왔고 80엔을 하회한 초강세의 시절의 역사를 갖고 있다.

표시단위가 높은 '원화' 환율도 뒷자리 라운드넘버를 없애는 리디노미네이션re-denomination 화폐개혁에 자주 노출되는 듯하다. 예를 들어 요즘 커피숍에는 4,500원 대신 4.5라고 가격표시를 한 곳이 꽤 많다.

라운드넘버는 경제에만 있는 것이 아니다. 우리 인생에도 약관20세, 이립30세, 불혹40세, 지천명50세, 이순60세, 고희70세, 라는 라운드넘버가 있다. 특히 라운드넘버의 나이 앞에서 '아홉수의 삼재' 라 하여 저항의 심리를 드러낸다. 삼재는 12년 주기로 한 번 들어오며 3개의 띠가 동시에 3년 동안 겪게 된다고 한다. '9' 는 동양의 수리 개념에서 꽉 채워진 숫자로서 '10' 으로 기본 단위가 변하기 전의 마지막 숫자이다. 49세와 50세의 차이가 그리 클 리는 없다. 다만 단위가 바뀌는 라운드넘버를 대하는 우리의 마음가짐이 문제일 것이다.

 아하! 그렇구나
라운드 넘버는 어림수이자 명료한 첫 목표치가 될 수 있다.

31

1%　평범함이 갖는 비범함 —————————————●

'상위 1%'라는 표현을 들으면 가슴이 뛴다. 동그라미 두 개의 퍼센트%가 의미하는 그대로 줄을 선 백 개 중 한 개이기 때문이다. 특별하고 눈에 띄는 귀한 존재가 된다.

재산의 관점에서 보면, 모든 사람은 보이지 않는 수저를 물고 태어난다. 금·은·동·흙으로 구분된 수저 얘기를 들으며 자신과 비교한다. 금수저를 향해 그 부모로부터 물려받거나 물려받을 재산과 특권에 부러움과 질시의 눈길을 보내기도 한다. 절대다수인 99%가 오히려 소외감을 느끼기까지 한다.

상위 1%의 하이클래스는 대개 우리가 살아가는 꿈이자 목표가 되기도 한다. 하지만 그 1%는 임의의 기준으로 만들어진 또 다른 선긋기이기도 하다. 상위 1%가 갖는 자동차, 가방, 성적, 집, 몸매를 보고 '나도 갖고 싶어'라고 한다. '나는 소중하니까요'라는 광고 문구처럼 자신이 특별한 존재임을 증명하기 위해

무슨 기준에서 시작됐을까?

부단히 애를 쓴다.

한 조사 김낙년, '한국의 부의 불평등 2000~2013' 에 따르면 소득 최상위 층인 상위 1%에 들어가려면 순자산이 9억 9천만 원을 넘어야 한다고 한다. 부동산과 부채를 뺀 금융자산으로 10억 이상인 사람이 20만 명쯤 된다고 한다. 그들만 따로 모아 놓으면 작은 도시 하나가 될 것이다. 거기서 다시 상위 1%의 선을 긋는다면 나머지 99%는 그 안에서도 상대적 빈곤감에 시달릴 것이다.

모두가 금수저를 선망하는 시대

상위 1%라는 기준은 재산에만 있는 것이 아니다. 한 예로 사윗 감을 찾는다면서 '평범' 을 조건으로 내걸었다고 한다. 비흡연자, 어느 정도 경제력을 갖춘 안정된 직장인, 가능하면 외벌이, 화목한 가정에서 자란 건강한 사람. 얼핏 보면 흔히 접할 수 있는 조건이다. 그러나 분석을 인용하자면 60%:비흡연자, 31.7%:정규직 급여생활자, 60%:외벌이라도 괜찮은 경제력, 93%:화목한 가정, 91.5%:건강한 신체를 다 만족하는 '평범한' 남성은 1%도 되지 않는다고 한다.

평범하다는 말은 어찌 보면 신기하기까지 하다. 누구라도 갖출 만한 당연한 조건인 것 같지만 이마저도 골고루 갖추기는 쉽지 않다는 뜻이다.

투자 종목이나 자산을 찾는 것도 마찬가지이다. 모두가 진흙 속의 다이아몬드 같은 종목을 기대하며 진흙을 헤집지만, 합리적인 조건으로 차근차근 좁혀나가야 비로소 흙 묻은 진주를 찾게 된다. 투자종목 발굴이라는 스크리닝 작업도 그렇다. 실제 코스피와 코스닥 종목을 놓고 PER 10이하, PBR 1이하, 배당수익률 2%이상, ROE 5%이상, 영업성장률 20% 정도의 조건을 넣어 걸러진 종목의 개수는 겨우 20개 내외이다.

비범한 상위 1%는 그렇게 평범함의 조합과 결합으로 만들어지는 것이다.

 아하! 그렇구나
1%의 비범함은 99%의 지속되는 평범함이 빚어낸다.

2080 파레토 법칙 ──────────────────

일개미 무리에서 열심히 일하는 무리 20%를 따로 떼어 놓고 관찰하니 그 안에서도 다시 20%만 열심히 일하더라고 한다. 영업점을 찾아오는 고객의 20%가 매출의 80%를 책임진다는 보고도 있다.

2:8이라는 비율에는 세상의 어떤 균형점이 있다. 이 비율을 지칭하는 '파레토 법칙' 은 이탈리아의 경제학자 파레토Vilfredo Pareto가 '이탈리아 인구의 20%가 이탈리아 전체 부의 80%를 가지고 있다' 고 주장한 데서 유래했다.

인간의 행위를 사회학으로 설명하면 '사회는 상호 의존적인 부분들로 구성된 하나의 전체이며, 부분들에서 일어나는 변동은 다른 부분들과 전체에 영향을 미친다' 고 한다. 전체 결과의 80%가 전체 원인의 20%에서 일어나는 현상 또는 20%의 인구가 총수입의 80%를 벌어들이고 소유하는 현상은 여러 면에서 주목할

만하다.

내가 지금 쏟는 에너지는 어디에 속하는가?

이 현상은 시대와 장소를 떠나 비슷한 모습을 띠기도 한다. 이곳 저곳의 사례를 모아 읽어보니 꽤 의미가 있다.

· 책의 20% 분량에 의미 있는 가치 80%가 담겨있다.
· 가장 잘 팔리는 제품 20%가 매장 매출의 80%를 차지한다.
· 전체 고객의 20%가 전체 매출액의 80%를 올려준다.
· 불평 많은 소비자 20%가 클레임 분량의 80%를 일으킨다.
· 일의 성과 80%는 집중해서 일한 20%의 시간에 의해 달성된다.
· 20%의 시간만 충실히 사용하면 나머지 80%는 여가로 쓸 수 있다.
· 80%의 가치 있는 인간관계는 20%의 인간관계에서 나온다.

그렇기 때문에 선택과 집중이 중요하다. 집중한 20%가 나머지 80%를 해결하기 때문이다. 인생도 그러하다. '공부도 때가 있다'고 하는 것은 젊은 시절 바짝 공부하면 나머지 기간 동안 유용하게 능력을 발휘할 수 있는 경우가 많기 때문이다. 나이 먹어 체력도 떨어지고, 머리 회전도 느려지고, 눈도 침침해지면 더 이상

공부가 힘들어진다. 이것을 반대로 해석하면 80%의 쌓인 내공으로 20%의 짧은 시간에 화려하게 꽃 피울 수 있다고 할 수도 있다. 오랜 기간 준비해서 축적한다면 말이다.

지금 내가 집중하고 있는 에너지는 어떤 기간에 해당하는 것인지 생각해볼 필요가 있다. 그리고 나는 일하는 20%의 일개미인지 빈둥거리는 나머지에 속하는지도 돌아볼 일이다. 이처럼 2080 법칙은 어디서나 존재한다.

 아하! 그렇구나

80%의 가치 있는 인간관계는 20%의 인간관계에서 나온다.

6의 힘　　SMART한 목표관리 ————————●

　월드컵 공인구는 매번 독특한 디자인이 나오고 고유의 이름을 붙인다. 그럼에도 우리가 가장 일반적으로 기억하는 축구공은 검은 색의 오각형 12개와 육각형 20개가 박혀 있는 평범한 축구공이다.

　육각형은 자연 상태에 흔히 존재한다. 물 분자는 육각형으로 배열될 때 가장 안정적인 모양을 갖춘다. 육각형 구조를 지닌 것들로는 벌집, 벤젠 등이 있는데, 이 같은 형태를 트러스 구조라 한다. 트러스 구조는 더 많은 힘을 버틸 수 있다고 한다. 공간을 보다 효율적으로 사용할 수 있기 때문이다.

　육각형은 정삼각형 6개의 집합체이다. 정삼각형 안의 각도 값이 60도이므로 6개가 더해지면 360도가 된다. 같은 양의 재료로 최대한 안전한 집을 지으려고 할 때 가장 합리적이고 경제적인 구조가 된다. 육각형의 미덕은 최소의 희생과 최대의 효용에 있

무슨 기준에서 시작됐을까?　　　　　　　　　　　　　: 109

다. 육각형은 원이 양보한 공간을 최대한 활용해서 빈틈이 없도록 한다.

효용을 극대화하는 6의 미덕

우리는 어울림의 미덕을 머리로는 잘 이해한다. 그렇지만 매순간 최선을 다했는데 돌아보면 만족스러운 결과가 아닐 때도 있다. 오늘 하루를 육각형처럼 성과와 보람이 가득하게 하려면 어떻게 목표를 설정하고 실천해야 할까?

스마트한 세대에 제안하는 목표관리의 스마트SMART는 다음과 같다.

· S : Specific (구체적) : 무엇을 어떻게 할지 명확하게

· M : Measurable (측정가능) : 측정가능하게 계량화해서

· A : Achievable (달성가능) : 도전적이고 실천적으로

· R : Realistic (실현가능한) : 현실적이어야 하고

· T : Time-limited (시간제한) : 기한을 정해 적절한 시기에 행하라.

목표의 구체적 실천에 있어서는 베스트BEST라는 축약어로 설명할 수 있다.

- B : Basic : 가장 기본적인 것에서부터 시작하라.
- E : Easy : 어려운 것보다는 쉬운 것부터 해결하라.
- S : Small : 크고 중요한 일보다는 작은 일부터 하라.
- T : Today : 당장 오늘부터 실행에 옮겨라.

 아하! 그렇구나

매일 매순간을 SMART와 BEST로 적용해보기.

22%　사소한 고민 ──────────────●

　어니 젤린스키Ernie J. Zelinski는 '우리가 하는 걱정의 40%는 절대 일어나지 않을 일들에 대한 것이고, 30%는 이미 일어난 일들이며, 22%는 사소한 고민이고, 4%는 우리 힘으로는 어쩔 수 없는 일에 대한 것이다.' 라고 했다.

　걱정이란 상대적이다. 아무리 작은 고민도 내 것이 되면 큰 일로 바뀌고, 나의 커다란 고민도 세상으로 나아가면 바람 속의 먼지 같은 것이 된다. 손톱 밑의 가시로 종일 신경을 쓴다. 세상에 모든 일을 사소한 일과 큰 일로 구분하는 것은 불가능하다. 사소한 일이란 없다. 중요한 일과 필요한 일, 급한 일 등으로 구분하고 선택할 뿐이다.

　걱정거리가 있다면 일단 글로 써보자. 1분 안에 적을 수 없다면 이미 걱정거리가 아니다. 써봤자 몇 줄 되지 않는다면 몇 줄 안 되는 그 걱정거리를 평생 데리고 다닐 필요는 없다. 문제를 인식했다면 해결할 수 있는 실천 방안까지 도달해야 한다. 다음으로 미뤄두지 말고 바로 해답을 찾아보라. 묘안이 나오지 않는다면 포기하거나 주위에 조언을 구해야 한다. 문제를 적어본다는 것은 해결방안도 이미 쓰고 있는 것이나 마찬가지이다.

걱정거리를 체계화하고 해결하라

시간 관리를 잘 하는 사람은 다음과 같은 순서로 실천한다.

1. 긴급하지는 않으나 중요한 일에 '집중' 한다.
2. 긴급하고 중요한 일에 잘 '대응' 한다.
3. 긴급하지도 중요하지도 않은 일은 '시간을 줄인다.'
4. 중요하지 않되 긴급한 일은 적극적으로 '피한다.'

물건도 마찬가지이다.
필요한 물건과 중요한 물건은 무엇일까?
비싼 물건이 중요한 것일까?
물건을 버릴 때 무엇으로 기준을 잡는가?
이사를 갈 때는 무슨 기준으로 버리는가?
집에서 중요한 공간을 차지하는 물건은 필요한 물건인가, 중요한 물건인가?

정해진 일의 수행을 위해서는 '할 수 있다/없다'의 최종 가능성을 먼저 그려야 한다. 그 다음으로는 '하고 싶다/해야 한다'를 선택해야 한다. 그리고 실천의지가 작동해야 한다.

1. '해야 하는' 일은 '하고 싶은' 일이 되도록 하라.
2. 단기·중기·장기적 관점에서 시간배분을 하라.
3. 오늘 중에 쓰일 물건은 필요한 물건, 복제나 구입이 불가능한 물건은 중요한 물건이다.
4. 급한 일에는 더 좋은 대안을 찾는 네트워크가 필요하다.
5. 중요한 일은 정례화하고 반복적으로 하라.

가끔 햄릿증후군이라고 하는 '결정장애'로 애를 먹는 이들이 있다. 지금 하고 있는 걱정거리가 사소한 22%에 속하는가?

일단 적어보라. 그리고 지금 할 수 있는 행동과 실천요령을 찾으면 된다.

 아하! 그렇구나

고민은 해법을 찾지만, 걱정은 낭비일 뿐이다.

15회의 패스 　보이지 않는 고릴라 ───────●

필자는 국민교육헌장과 애국가를 아직도 4절까지 외운다.
일부를 소개하면 다음과 같다.

"성실한 마음과 튼튼한 몸으로, 학문과 기술을 배우고 익히며,
타고난 저다마의 소질을 계하발고, 우리의 처지를 약진의 발으
판로 삼아, 창조의 힘과 개척의 정신을 기른다."

읽으면서 이상한 점은 없었는가? 세 곳의 단어가 중간 글자의
순서가 바뀌었다. '저마다의→저다마의', '계발하고→계하발고',
'발판으로→발으판로' 가 그것이다.

'내 두 눈으로 똑똑히 봤다' 라는 말은 강한 신뢰를 준다. 드라
마에서도 형사들이 목격자 증언을 들으면서 '직접 보신 것 맞
죠?' 라고 확인하는 경우가 많다. 그러나 인간의 감각은 의외로
믿을 것이 못 된다. 그 예가 '보이지 않는 고릴라 The Invisible Gorilla'
이야기이다.

기대하지 않은 것은 보이지 않는다

1999년 미국의 인지심리학자 사이먼스Daniel J. Simons와 차브리스Christopher Chabris가 하버드대에서 실험을 했다. 흑과 백의 셔츠를 입은 두 팀의 6명의 학생들이 뒤섞여 농구공을 패스하는 동영상을 찍은 뒤에 '공을 패스한 횟수'를 세도록 했다. 이때 고릴라 의상을 입은 여학생이 9초에 걸쳐 무대 중앙으로 걸어와 선수들 가운데 멈춰 선 후 카메라를 향해 고릴라처럼 가슴을 두드리고 걸어 나갔다. 그러나 실험 참가자중 절반은 15회의 패스가 이루어지는 동안 고릴라를 보지 못했다고 했다. '기대하지 못한 사물에 대한 주의력 부족의 결과'라는 '부주의 맹시' 현상이 나타난 것이다.

위의 두 가지 실험은 집중력을 거론할 때도 자주 나오는 예이고, 세상 일을 폭 넓게 보라고 할 때도 인용되는 예이다. 사람과 인공지능의 차이를 이야기할 때도 나온다. 즉 '맥락의 바깥에 있는 것은 중요하지 않다'는 것이다. 공의 패스 횟수를 세는 데 왜 고릴라를 인식해야 하며, 국민교육헌장을 읽는 데 왜 오타를 찾느냐는 것이다. 만약 '오타를 찾아보세요'라는 지시를 했다면 오히려 읽는 동안 헌장의 내용을 이해하지 못했을 것이다.

 아하! 그렇구나

사람은 보고 싶은 것만 본다. 게다가 믿고 싶은 것을 믿으며, 듣고 싶은 것만 듣는다.

1÷3=95%　　사자의 몫 ─────────────●

　사자와 당나귀와 여우가 힘을 합쳐 잡은 먹이를 나눌 때
사자의 몫은? 그냥 사자가 결정한 만큼이다.

　왜 야구선수는 메이저리그로 진출하려고 하는가? 축구선수는
왜 유럽리그를 선망의 목표로 하는가? 배우의 출연료가 천 배,
만 배 차이 나는 것은 왜일까? 5% 뛰어난 자가 갖는 95%의 시장.
수천억의 재산을 가진 소송인은 수백억의 세금을 절약하기 위해
변호사를 선임한다. 수십 배로 몸값을 더 주어서라도 5% 더 뛰
어난 변호사를 기꺼이 택한다. 그 5%의 뛰어난 역량의 분야는
다양할 것이다. 그 중 하나가 전관이 갖는 역량이라고 한다면 어
찌 그것이 소홀히 다룰 일이겠는가? 암암리에 혹은 공공연하게
생기는 부조리와 비리는 그렇게 끈질기게 사회에서 작동한다.

　'죄수의 딜레마' 라는 것이 있다. 취조실의 죄수 둘이 다 침묵
하면 벌은 가볍다. 둘 중 하나가 배신하여 죄를 자백하면 자백한

사람은 즉시 풀어주고 나머지 한 명은 10년을 복역해야 한다. 결국 둘 모두가 서로를 배신하여 죄를 자백하여 최선이 아닌 둘 모두 5년을 복역하게 된다는 것이 요점이다. 상대방의 결과는 고려하지 않고 자신의 이익을 최대화한다는 가정이 핵심이다. 협력_{침묵}보다 배신_{자백}이 더 많은 이익을 가져 오므로 배신을 택하게 된다. 둘이 아닌 다수의 결정에서도 마찬가지이다.

스스로 사자가 되어라

배분이라는 말은 금융시장에서 자주 만나는 단어이다. 자산, 투자, 기간뿐만 아니라 손실이나 이익이 발생할 때도 배분이 발생한다. 분담금이나 배당금이 그렇다. 그렇다면 내 몫은 어떻게 결정해야 하는가? 첫 번째는 주인으로서 가지는 몫이니 대개 지분이라는 이름으로 결정한다. 두 번째는 채권자 또는 채무자로서 가지는 몫이다. 순위에 대한 부분이 명시되어 있지 않다면 법·규정에 의해 정해질 것이다.

죄수의 딜레마로 다시 돌아가 보자. 증언을 앞둔 두 공범은 자기의 피해를 최소화하거나 이익을 최대화하려고 한다. 두 가지 방안이 있다. 첫째, 말을 맞추는 합의이다. 여기엔 담합 또는 야합이라는 또 하나의 불법이 추가될 수 있다. 둘째, 각자의 힘의 균형을 깨면 된다. 둘은 같은 입장이 아니다. 죄를 짓는 단계, 증언, 구속, 수형 등의 단계에서 역할과 힘의 크기가 다른데도 딜레마 속의 죄수들은 너무 많은 '같다'는 가정에서 의사결정을 한다.

과거, 현재, 미래의 내 몫에 따라 지금의 의사결정이 바뀌는 경우는 숱하게 많다. 판단의 결정에서 자유롭고 싶을 때 쓰는 방어기재가 부작위편향omission bias이다. '가만 있으면 중간은 간다' 정신이다. 자신의 판단으로 인해 나중에 벌어질 귀찮음과 책임에서 벗어나려고 하는 것이다. '회장님의 방침'이라며 전달되는 미확인 의사결정을 존중하고 맹종하는 팔로워가 의외로 많은 것도 이러한 이유다. 어떤 경우이건 스스로 사자가 되어야 한다. 시장은 실제로 그렇다. 참가자가 둘이 되었건 백이 되었건 당나귀나 여우가 된 상태에서는 '알아서 기어야' 한다. 균등을 생각하면 안된다. 시장은 타인의 손해에 냉정하지만 자신의 손해에는 냉철하지 않기 때문이다.

 아하! 그렇구나

5%의 차별화를 이루면 100%가 내 몫이 될 수 있다.

3.5억 장   셀카와 빅데이터 ───────────

지폐가 플라스틱 머니카드로 바뀌고 그 조차도 생체인식이 되어 손이나 눈, 음성으로 해결되는 세상이 되었다. 분실 위험도 없다. 똑똑해진 만물은 도구나 수단을 넘어선다.

사람의 감각에 해당하는 센서와 칩을 통해 서로 연결되고, 사람의 지식처럼 빅데이터를 구축하며, 사람의 개입 없이도 실시간으로 정보를 주고받는다. 이러한 과정을 통해 사람과 도시, 집, 자동차, 건물, 학교, 식품 등이 실시간으로 묶여지는 '초연결' 사회 IoE가 구현된다.

차를 주차시켜 놓고 대기할 일이 없기 때문에 주차공간 시비가 없어지고, 나아가 출근이 필요 없어지는 스마트워크가 구현될 수도 있다. 필요한 물품은 드론이 배달해준다. 지하에서 지옥철이라는 이름으로 사람을 구겨 실을 일도 없어진다. 수요만큼 빈도를 촘촘하게 해서 운행이 가능하다.

요즘 이동 반경마다 쉽게 찾을 수 있는 것 중 하나가 CCTV이다. 범죄예방과 사회안전망 강화, 더 나은 대국민 서비스를 위해 늘면 늘지 줄어들 것 같지는 않다. 오히려 고해상도 지능형 보급을 강조하는 형편이다. 화장실과 침실 말고는 접근하지 못할 곳이 없다. 내가 찍지 않아도 코너를 돌 때마다 나는 찍히고 있다. 웬만한 뺑소니 차량도 CCTV와 차량의 블랙박스로 확인이 된다. 초연결 사회는 내가 이동하지 않아도 서로를 알게 해 준다. 나의 편의를 최대화하기 위해 '빅 브라더' 가 나의 모든 움직임을 인식하고, 기록하고, 알아서 해석하고, 적절한 서비스를 제공한다.

초연결 사회의 소외감

하루에 인터넷을 통해 올라오는 '셀카' 사진이 3억 5,000만 장이라고 한다. 셀카를 올리는 이유는 다양하겠지만 누군가가 보라고 올리는 것임은 확실하다.

이러한 초연결 사회에서 우리가 잃고 있는 것은 형식적 연결이 아니라 심정의 관계이다. 부모자식간의 관계, 형제간의 관계, 친구간의 관계, 직장 동료와의 관계 말이다. 거리상 가까이 있다고 해서 '가깝고 친한 관계' 는 아니다. 부모와 화상 통화로 연결되고, 어린이집과 연결되어 있다고 해서 관계가 원만하다고 하지는 않는다.

　초연결 사회가 될수록 우리는 소외감을 벗어나기 위해 별 짓을 다하게 된다. 매일같이 쌓이는 3억 5,000만 장의 소중한 존재는 결국 당사자가 세상을 떠난 후에는 오히려 인터넷 공간을 떠도는 쓰레기가 될 수도 있다.

　'나 여기 있어요' 라며 일방적으로 쌓는 것이 아닌 마음이 통하고 따뜻한 공감이 있으며 감정 교류가 잘 되도록 '라포rapport'를 쌓고 나누어야 한다.

 아하! 그렇구나

사이버 세상에 한 기록은 잊혀지고 지워질 권리를 거부당할 수도 있다.
조심 또 조심!

0000　　암호 같은 패스워드 ————————————●

　내 것이지만 남이 가장 많이 쓰고 부르는 것이 이름이라면, 내 것이지만 남이 아는 순간부터 내 것이 아니게 만드는 것이 암호secret code이다. 못 풀면 갑갑하고 풀리면 긴장되는 도용불가의 부호이다. 좋은 암호가 되기 위해서는 만드는 체계가 수학적, 논리적으로 모순되지 않아야 하고 해독이 어려워야 한다. 보안과 해킹의 세계는 디지털 환경이 커지는 만큼 성장하고 중요해진다. 한편으로는 위험해지는 것이다.

　최초의 암호는 기원전 5세기 무렵 고대 그리스인들이 사용한 '스키테일Scytale' 이라고 한다. 글자의 순서가 뒤죽박죽 되게 쓰고, 똑같은 굵기의 막대기에 양피지를 감으면 원래의 통신문이 나타나는 형태이다. 암호를 잘 다루었던 쥴리어스 시저Julius Caesar 는 원문 "RETURN TO ROME"을 암호문으로 "UHWXUQ　WR URPH"로 적었다. 원문을 알파벳 순서 3번째 뒤 문자로 대입하

무슨 기준에서 시작됐을까?　　　　　　　　　　　　　: 123

면 되는 형태였다.

정보 도용 시대의 아이러니

근래 다양해진 암호 생산 방법 중에는 RSA암호법 같은 것도 있다. 인간과 컴퓨터가 가장 계산하기 힘들다는 소인수분해를 이용하는 것이다. 1,009,961과 같은 큰 수를 소수인 997과 1,013의 곱하기로 다시 쪼개는 것인데 그리 녹록한 일이 아니다. 그래서 암호의 자격을 갖게 된다. 기계적으로 푼다 해도 많은 시간이 소요되기 때문이다.

비슷하지만 용도가 다른 것이 '패스워드' 이다. 패스워드는 비밀문의 출입카드 혹은 빗장 같은 것이다. 빨리 열고자 하면 간단하게 만들어야 하지만, 노출을 막기 위해 어렵게 만들면 기억하기가 어렵다. 요즘에는 패스워드도 간단하게 만들 수가 없다. 전화번호 불가, 일련번호 불가, 반복번호 불가, 주민번호 불가 등 갖은 이유로 시스템 등록이 거부된다. 도용을 방지하기 위해서라고 하지만 그 결과 자신이 만든 패스워드를 기억하지 못해 낭패를 겪는 경우가 흔해지고 있다.

 아하! 그렇구나

개인정보는 내 것이지만 내 것이 아닌 세상이 되어 버렸다.

108 번뇌와 변명 ————————————•

사람에게 있는 여섯 개의 감각이 괴로움과 즐거움 그리고 이도저도 아닌 상태를 느끼고 이것을 탐하거나 하지 않아 생기는 36가지의 번뇌가 있다. 이런 상태가 과거와 현재, 미래에 모두 걸쳐 있어 108가지가 된다고 한다. 생로병사의 삶 속에 백 개가 넘는 많은 번뇌가 늘 있다는 뜻이다. 우연이겠지만 인간의 몸에는 108개의 혈, 맥이 있다고 한다.

야구공이 투수의 손을 떠나서 가는 시간은 0.4초다. 타자가 배트를 휘두르는 데 필요한 시간도 0.4초다. 108개의 실밥으로 묶여진 야구공은 허공에 있는 동안 한 땀 한 땀이 다양한 변화구를 만들어낸다. 실밥이 공과 공기 사이에서 마찰을 크게 해서 압력차를 만들고 공에 회전 효과를 주어 변화구가 되게 하거나 직구가 되게 한다.

골프에도 108과 관련한 이야기가 있다. 골프장 4.25인치의 홀컵은 매 홀마다 골퍼들이 중간 결산을 하는 곳이다. 이 홀컵의 직경을 밀리미터로 환산하면 108이 된다. 통상 파 72타를 기준으로 홀마다 더블보기홀마다의 정규타수보다 2타를 더 치는 것를 하면 총 18홀이니 36타가 더해져서 108타가 된다.

99가지 변명을 극복하는 단 하나의 이유

그래서 '108타가 넘는 골퍼의 출입 자제' 라던가 동반자 네 명의 타수 총합이 400을 넘으면 출입을 금한다는 엄포를 놓기도 한다. 각 홀의 정규타수는 도전과제이고 108밀리미터의 홀컵이 수행의 완수 여부를 결정한다.

인생은 번뇌와 변화와 도전으로 점철되며 자신이 원하는 대로 흐르지 않는다. 그 과정에서 때로는 포기하기도 한다. 핑계 없는 무덤이 없고, 처녀가 애를 낳아도 할 말이 있다고 했다. 말 못하고 죽은 귀신은 모두 변명하는 사람에게 달라 붙는다. 무언가를 하고자 할 때 나타나는 방해요소와 장애물은 무수하다.

긍정적으로 세상을 보는 시각은 아흔 아홉 개의 안 되는 이유를 극복한다. 그것은 '해야만 하는 단 하나의 이유를 찾았을 때' 이다. 인간의 번뇌, 야구공의 실밥, 골프의 홀컵은 평생 우리가 안고 가는 조각 같은 것이다.

 아하! 그렇구나

도돌이표가 없고 마침표가 있는 삶이기에 더 소중하고 아름답다.

7 UP   곱게 늙는 법 ——————————————●

젊은 시절이 없는 노인은 없다. 검버섯 빼고 줄기세포로 이마의 주름을 없애거나 보톡스를 맞으면 얼마든지 '젊은 오빠'가될 수 있는 세상이다.

젊게 사는 방법은 간단하다. 늙은이처럼 살지 않으면 되는 것이다. 나이 드는 것 자체가 죄는 아니지만, 나이 들어 진정한 어른 대접을 받기 위한 7가지 'UP'이 있다고 한다. 끊어서 얘기하자면 입은 닫고 지갑은 열라는 말씀인데, 입 단속이야 하면 되지만 지갑은 녹록찮은 문제다.

· Clean-up : 몸과 주변을 깨끗하게 하라는 조언이다. 체취는 본인만 모르는 경우가 많기 때문이다. 지하철에서 마주친 외국인들의 체취가 그들 자신은 모르지만 왠지 부담스럽지 않았던가.

· Listen-up : 남의 말에 귀를 기울이지 않는 아집을 버려야 한다. 보이스 피싱에는 홀랑 넘어가면서 아랫사람의 말에는 빳빳하게 구는 아이러니를 보이지 말아야 한다. 자신이 한 말에 몰입되어 몽니를 부리는 자기몰입적self-herding 참견은 보기에도 안쓰럽다.

· Shut-up : 나이가 들면서 지식과 지혜가 많이 쌓이다 보니 말이 많아진다. 어떤 얘기가 나와도 '왕년에~ 예전에~ 내 경험에~'를 하며 끼어들게 된다. 하지만 고개를 숙이면 문지방에 걸리지도 않고 머리를 부딪치지도 않는다.

· Dress-up : 센스는 옷차림에서, 섹시함은 옷맵시에서 나타난다. '청바지가 잘 어울리는' 나이는 지났더라도 단정하게 입은 옷은 감각 있는 사람이 되게 한다.

· Show-up : 무릎도 시원찮고, 했던 얘기 또 하기도 그렇고, 주머니 사정도 안 좋고, 나가는 그 자체가 귀찮고, 사람 앞에 나서기도 싫고 등등 핑계를 찾다 보면 고립을 자초하게 된다. 고독사의 주인공이 되는 첫걸음은 애당초 딛지 않는 게 좋다.

· Open-up : 회사 회식에서 팀장이나 부장이 칭찬받는 매너는 잠시 참석해서 자리에 무게를 실어주고 곧 자리를 비워주면서 결제할 카드를 주고 사라지는 것이라고 한다. 열린 마음과 함께 지갑을 열라는 것이다.

· Give-up : 살아온 세월보다 살아갈 시간이 적다는 것이 조급증과 미련 그리고 애착을 가지게 한다. 물에 빠진 사람은 발버둥을 칠수록 상황은 더 어려워진다. 양보의 여백은 나이 먹은 이의 것이기도 하다.

한 가지 보태자면 Wake-up을 얘기하고 싶다. 세상일에 대해 깨어있는 여유를 갖자는 것이다. 이제는 낮살 먹은 사람들의 열정과 정열도 부러움과 본받음의 대상이 된다. 대중교통을 부담 없이 이용할 수 있을 정도라면 '엄지척' 의 건강한 마음과 몸이라 할 것이다.

 아하! 그렇구나

우겨서 받는 '대접' 은 음식 담는 '그릇' 보다도 못하다.

34세 캥거루 세대 ————————————●

걸그룹 씨스타의 노래 '나 혼자'에는 '나 혼자 밥을 먹고, 나 혼자 영화를 보고, 나 혼자 노래하고 이렇게 나 울고 불고~' 하는 구절이 나온다. 요즘 늘고 있는 '혼밥족' 혼자 밥 먹는 사람들, '혼술족'이 떠오른다. 이들이 혼자 밥을 먹는 이유는 여러 가지다. '같이 밥 먹을 시간을 정하기 어려워서'라든가 '간단히 때우려고', '혼자가 편하고 익숙해서' 등등이 있다.

통계청에 따르면 2016년 1895만의 가구 중 1인 가구의 비중이 523만으로 27.6%를 차지하고 있고 증가하는 추세라고 한다. 1인 가구 현상은 '혼자만의 시간', '자신을 위한 투자'를 자연스러운 사회 문화로 만들어내고 있다. 이들 중에는 미혼의 비중도 만만치 않다. 지금은 미혼 가구가 306만16.1%을 차지하고 있지만 2035년에는 442만으로 예상되고 있다.

미혼 중에서 고학력, 고소득의 여성을 골드미스라고 한다. 골드, 즉 황금이라는 말은 결혼 적령 황금기를 놓쳤다는 뜻도 되고, 화려한 독신을 의미하기도 하지만, '30대 이상 50대 미만의 미혼 여성 중 학력이 높고 사회적·경제적 여유를 가지고 있는 계층을 의미하는 마케팅 용어'로 이해되고 있다.

영어의 '알파걸alpha girl'과 일본어 '하나코상ハナコさん', 중국어 '잉여' (剩女: '셩뉘'로 읽는다. 배우자를 못 찾은 남은 여자라는 의미지만, 조건이 까다로워 남자들이 쉽게 접근하지 못한다는 뉘앙스의 셩뉘(聖女)'와 발음이 같다고 한다)란 말도 같은 맥락이다.

골드와 실버 세대가 갖춰야 하는 것

'로미오와 줄리엣'에서 줄리엣은 14세, 로미오는 16~17세라고 한다. 14세면 중학교 1학년 정도이니 시대를 넘어서 봐도 애송이라는 느낌이 든다. '과년瓜年한 딸이 있다'에서 '외롭다'라는 의미의 과瓜자를 파자하면 '八八'이 되는데 여자 나이 16세를 나타내고 결혼하기에 적당한 나이로 인식했다. 춘향전의 주인공 성춘향과 이몽룡은 이팔16세청춘 동갑이었다. 지금으로는 중3에서 고1의 아이들이다.

요즘 결혼 적령기는 설문조사온라인 리서치 서비스, '엠브레인', 2015에 의하면 남녀 구분 없이 30대 초반 남성 34세, 여성 31세 정도이다. 결혼 적령기 개념도 약화되고, 결혼을 필수가 아닌 선택으로 여기고 있다. 다만 서른이 넘은 자식이 캥거루 세대가 되면 부모가 힘들어진다. 이들은 경제적으로나 정신적으로 부모에 의존한다.

일찍 퇴직한 베이비붐 세대의 부모는 봉양을 받기는커녕 등골이 휘는 부담을 안게 된다.

골드라는 단어가 붙는 세대이건 복 받은 실버를 꿈꾸는 부모 세대이건, 모두 스스로 앞가림을 할 수 있어야 가능하다. 서로의 문화를 인정하려면 서로에게 정신적으로 재무적으로 자유롭고 독립적이어야 한다. 모든 노처녀가 골드미스가 되고, 모든 실버가 골드에이지가 되어 자기 목소리를 내는 당당한 세대로 자리 매김 했으면 좋겠다.

 아하! 그렇구나

고립되지 않되 독립적인 삶이란?

11과 61   역사가 되는 숫자 ————————•

번호에는 스토리나 추억이 묻어 있는 경우가 많다. 전화번호 중에 4989사구팔구 같은 부동산 중개소, 8275빨리치료 병원, 2404이사공사 이삿짐센터 등의 사례를 쉽게 찾을 수 있고, 어떤 숫자는 이미지가 입혀져 고가의 비즈니스 번호가 된다.

사람들은 어딘가에 자기의 흔적을 남기려는 본능이 분명 있다. 학교, 군대, 회사, 단체에서 자신이 가진 번호는 그 사람의 역사가 된다.

축구선수 차범근은 국가대표로서의 눈부신 기록 외에도 독일 분데스리가에서 활동하며 각종 의미 있는 기록을 세웠다. 초근목피 시절 광부와 간호사를 파송해 살던 가난했던 대한민국의 새로운 굴기 역사였다. 그의 성실함은 귀감이 되었고 지금도 필자는 그의 등번호였던 11이라는 숫자가 나오면 그가 제일 먼저 연상된다.

야구선수 박찬호의 배번은 61이었다. 그가 LA 다저스에 있던 시절엔 그가 바로 대한민국이었다. 그의 배번은 그냥 나열된 숫자가 아니라 우리의 긍지였던 것이다.

역사에 남을 영구결번

명문 구단의 경우 전설적인 선수의 배번을 영구결번으로 운용하기도 한다. 호랑이는 죽어 가죽을 남기고 전설적인 선수는 번호를 남긴다.

메이저리그인 뉴욕 양키스는 영구결번이 15개가 넘는다고 한다. 운동이나 엔터테인먼트 관련된 곳에는 '명예의 전당' 이라 해서 엄격한 기준을 통과한 이들의 핸드프린팅, 입술, 발도장, 두상 심지어 실측 밀랍인형 등을 남긴다.

스타트업을 한 회사이건 수 십 년의 전통을 가진 그룹회사이건 영구결번, 명예의 전당과 같은 것을 운영하면 '자신의 영예'와 '가문의 영광' 을 위해 누구나 최선을 다하지 않을까 싶다.

 아하! 그렇구나

번호도 경쟁력이다. 나와 관련되는 번호들을 챙겨보는 것도 의미있다.

17대 1   천적과 공생 ————————————•

생태계에서 천적은 필수적인 관계이다. 사람끼리는 서로의 악연을 천적관계로 표현하기도 한다. 결국 사람의 천적은 사람이다. 원수는 외나무다리에서 만난다지만 같은 생태계에 있다 보니 외나무다리를 자주 이용하고 그래서 자주 만날 수밖에 없는 게 현실이다.

어느 분야건 프로의 세계에 입문하면 승부를 펼친다. 동창이나 지인끼리도 어떤 측면을 보느냐에 따라 천적 또는 라이벌이 된다. 천적이나 라이벌은 같은 생태계에 존재한다는 뜻이다. 그 안에서 서로 먹고 먹히는 살벌한 투쟁의 역사를 만든다. 평생을 같이 갈 친구 몇 명만 있다면 성공한 인생이라고 하지만 현실에서 그 친구들은 동반자이자 경쟁자이다. 흔히 남자들이 허풍을 떠는 말로 '17대 1로 싸웠다'는 표현이 있다. 상대가 17명인지 자기편이 17명인지 입증된 부분은 없다.

선의의 경쟁자와 공생하기

적의 적은 아군이라고 하지만 그렇게 만들어진 관계가 얼마나 돈독하게 유지될지는 의문이다. 숙명의 라이벌, 천적, 경쟁자, 적군에 해당하는 사람일수록 가까운 거리에서 보고 있어야 한다. 그의 동태를 봐야 하고, 그의 방향성을 통해 정보를 수집해야 하며 여차하면 정정당당하게 대응하여야 하기 때문이다.

죽이지 않으면 내가 죽는다는 절박한 현실의 무게감이 마음을 어지럽게 하지만 내가 힘들어 좌절할 때 버팀목이 되는 사람들도 바로 내 주위의 그들이다. 이 시대를 같이 끌어왔고 끌어갈 동지적 관계이다. 동병상련의 심정에서 서로 위로하고 격려하면서 건설적이고 선의로 경쟁하는 관계가 되기를 소망한다.

 아하! 그렇구나

적일수록 더욱 곁에 두어라.

27%　역지사지 ——————————•

　미국 프로풋볼리그NFL 스타였던 O.J 심슨은 1994년 6월 전처와 정부를 흉기로 살인한 유력한 용의자로 수배되었고, LA 경찰은 고속도로로 도주하는 심슨의 차를 쫓아 현장에서 붙잡았다. 이 장면은 헬기로 생중계 되었다.

　2004년 NBC의 조사에서 표본 1,186명중 77%가 그를 유죄라고 생각했다. 그런데 백인의 87%가 유죄라고 생각한 반면, 흑인은 27%에 불과했다. 결론은 증거능력을 인정받지 못해 무죄가 되었다.

　똑같은 사건에 대해서도 이처럼 입장과 생각이 달라진다. 그래서 입장 바꾸기와 공감이 중요하다. '때리는 시어머니보다 말리는 시누이가 더 밉다' 는 속담이 있다.

　시어머니와 시누이는 혈연관계이다. 가족이기에 공감대의 폭이 클 수밖에 없다. 말린다고 해서 말려질 문제가 아닌 것이다.

결국 '너도 나중에 당해봐라' 가 되어 버린다. 초록은 동색이고, 가재는 게 편이며, 솔개는 매 편이라 했다.

입장 바꿔 생각해보면

'내게 그런 핑곌 대지 마 / 입장 바꿔 생각을 해봐 / 니가 지금 나라면 넌 웃을 수 있니' 라는 김건모의 '핑계' 라는 노래는 바로 역지사지에 대한 이야기이다.

공감하고 한 편이 되어주려고 노력하면 상대는 이미 내 편이라고 느낀다. 어떤 것은 수긍하고 어떤 것은 거부반응이 생길 것이다. 그것조차도 포용할 수 있다면 공감의 영역은 충분히 확장된 것이다.

아나운서 이금희 씨가 18년간 지켜온 〈아침마당〉에서 하차할 때 필자는 아쉬움 속에서 박수를 보냈다. 진행자로서 게스트와 때로는 공감하고 때로는 적절한 질문을 던지며 상대를 편안하게 해주고 호흡한 '공감' 역량이 인상 깊었다.

스스로 묻고 스스로 답을 찾고 스스로 행동할 때 가장 적극적인 길을 가게 된다. 스스로 묻고 찾지 않고 가는 길에서는 목표점을 향해 가는 추진력이 약화된다.

내가 선택한 것이 아니고 다른 이가 선택하고 선택해준 것이기 때문이다. 진학하려는 대학과 학과를 떠올려 보라. 그리고 누가 결정했는지 반문해 보라. 그러므로 내가 나를 보는 부분과, 내가 남을 보는 부분, 남이 나를 보는 부분이 각기 다를 수밖에 없음을 인정해야 한다.

 아하! 그렇구나

'언제나 네 편이야' 라고 말할 수 있는 사람은 가족이다.

75분의 1초 찰나의 시간 ————————•

층수가 50층 이상이거나 높이가 200m 이상이면 초고층 건축물이라고 한다. 이런 건물의 층수를 세다 보면 어디까지 셌는지 헷갈린다. 수를 세는 것을 '헤아리다' 라고도 하는데 이 말에는 '짐작하여 가늠하거나 미루어 생각하다' 라는 뜻도 있다. 이런 측면에서 보면 숫자와 생각은 세고 헤아리는 우리의 일상을 대변한다.

하루는 연월일 숫자로 표현된다. 우리는 '순식간' 에 지나가는 인생에서 '찰나' 의 기회를 포착하려고 한다. '순식간' 과 '찰나' 도 숫자로 표현이 된다. 1초 보다 훨씬 더 짧은 시간을 나타낸다. 또다른 측면에서 보면 숫자와 시간은 동전의 양면이다.

조선시대〈산학계몽〉이라는 수학책에는 아주 작은 수부터 아주 큰 수까지 기록되어 있다. 세다가 지쳐서 더 이상 셀 수 없는 수가 무량대수無量大數이다. 무량수無量數를 십진법으로 하면 '1' 아래에 '0'이 68개10^{68}가 붙는다. 백만장자는 달러로 '0'이 6개이고 억만장자가 8개이니 무량대수는 '쓰다가 내가 죽을 이름이여'가 된다. 이것보다 좀 낮은 숫자라는 항하사 恒河沙 · 恒河砂는 갠지스강의 모래라는 뜻으로 '헤아릴 수 없을 만큼 많은 수량'인데 10^{52}이다. 항하사와 무량대수 사이에 아승기 阿僧祇, 나유타 那由他, 불가사의 不可思議가 커지는 순서로 들어 있는데, 불가사의의 1만 배가 무량대수이다.

숫자와 시간은 동전의 양면

일상에서 우리에게 익숙한 소수점 단위 이하는 할割, 0.1 · 푼分, 0.01 · 리厘, 0.001 · 모毛0.0001 · 사絲, 0.00001 정도다. 야구 선수들의 타율을 계산할 때도 이厘까지다.

시간의 최소 단위를 나타내는 찰나는 75분의 1초약 0.013초라고 한다. 숫자로 찰나 刹那를 표현해서 $1/10^{18}$라고도 하니 '0.00000000000000001'이 된다. 동그라미를 눈으로 세면 고층 빌딩 층수 세던 것처럼 위치를 놓친다. 이것의 10배가 되는 수가 탄지彈指$1/10^{17}$이고 다시 이것의 10배가 순식瞬息 $1/10^{16}$이다. 순식간에 벌어진 일과 그 '찰나'에 일어난 것은 초고속 카메라로도 잡아내지 못할 것이다.

겁劫, Kalpa에 대한 얘기도 재미있다. 사전적 설명으로는 '어떤 시간의 단위로도 계산할 수 없는 무한히 긴 시간. 하늘과 땅이 한 번 개벽한 때에서부터 다음 개벽할 때까지의 동안. 인간의 시간으로 환산하면 4억 3천 2백만 년'이다.

억겁의 인연은 상상하기조차 어렵다. 옷깃 한번 스치는 인연이 500겁 정도라고 한다. 한 나라에 태어나려면 1천겁, 하루 동안 길을 동행하는 것이 2천겁, 하룻밤을 한 집에서 자려면 3천겁, 한 민족으로 태어나는 데 4천겁, 한 동네에 태어나려면 5천겁, 7천겁은 부부, 8천겁은 부모와 자식이 된다.

지금 접하고 있는 모든 인연이 이토록 긴 시간 속에서 이루어지고 있는 것이다. 사람의 인연은 이토록 귀하다. 그래서 소중한 것이다.

 아하! 그렇구나

수천 겁의 인연으로 우연이 소중한 필연이 된다.

7.4pH 상선약수 ————————————————

노자의 도덕경에는 '최고의 선善은 물과 같다' 는 상선약수上善若水가 나온다. '가장 좋은 것은 물과 같은데, 물은 만물을 이롭게 하면서도 다투지 않고, 뭇사람들이 싫어하는 곳에 처하는 까닭에 거의 도에 가깝다.' 라는 내용이다.

물은 늘 아래를 지향한다. 겸손하게 내려가 수평을 이룬다.

그리고 빈 곳이 없게 다 채워야 넘치던지 다른 곳으로 흐른다.

또한 담는 그릇에 따라 언제든지 모양이 바뀌는 유연성을 가지고 있다.

온도에 따라 얼음이 되기도 하고 증기가 되기도 한다. 세상을 깨끗하게 만들며, 바위를 뚫을 만큼 강하면서도 멈춤 없이 유유히 돌아간다. 맛을 그대로 받아들이고 전달하는 포용력을 가진다. 뒷물이 앞 물을 미는 예의도 안다. '장강의 뒷물이 앞물을 밀어낸다' 는 장강후랑추전랑長江後浪推前浪은 범절의 상징이다.

물을 바꾸면 몸이 바뀐다

흔히 하루 1.5리터 정도는 음식 이외에 물을 직접 섭취해야 좋다고 한다. 물은 우리 몸의 신진대사를 활발히 하고 노폐물을 없애주며 장운동을 원활하게 한다. 피로회복, 혈액순환에 효과가 있고 피부노화 방지에도 도움이 된다고 한다.

사람의 몸은 70%가 물이고, 몸은 약알칼리성으로 수소이온농도_{산도, pH}로 7.0을 기준으로 성인의 pH는 7.4 정도이다. 물이 약은 아니지만, 물을 바꾸면 몸이 바뀌며, 알칼리 환원수가 몸속의 자연치유력을 키워 준다고 한다.

건강부회와 억지 고집을 의미하는 수석침류漱石枕流는 '돌로 양치질하고 흐르는 물로 베개 삼겠다' 라는 뜻이다. 베개를 삼더라도 물은 자신의 모습대로 머무르고 흐른다. 늘 대하는 물이라도 자세히 음미하면 다르게 느껴질 것이다.

 아하! 그렇구나

물에 물탄 듯한 인생, 술에 술탄 듯한 인생도 인생이다. 두렵고 자신감이 없을 때 개는 짖고, 사람은 화를 낸다.

0.917 비중 ───────────────────────────●

컵 속의 얼음이 다 녹아도 수면의 높이는 변하지 않는다. 얼음의 '비중' 만큼 올라간 물의 높이는 그대로인 것이다.

비중比重의 사전적 의미는 '표준이 되는 어떤 물질과 같은 부피일 때 질량의 비. 표준물질로는 1기압 4℃의 물비중 1과 1기압 0℃의 공기를 사용한다.' 이다. 비중은 온도나 압력의 영향을 받으면 달라진다.

얼음덩어리의 비중은 0.917이다. 물의 비중이 1이므로 그보다 가벼운 얼음은 뜨게 된다. 겨우 8.3%가 물 위로 보이는 것이다. 흔히 얘기하는 '빙산의 일각' 은 이렇게 만들어진다.

빙산을 떠올릴 때마다 같이 연상되는 것은 타이타닉 호다. 호화로운 세계 최대 여객선이었던 이 배는 1912년 안개 낀 북대서양의 첫 항해에서 2,224명의 탑승자중 1,514명의 사망자를 내는 최고의 해난 사고를 일으켰다.

무슨 기준에서 시작됐을까?

필자는 협상의 원리를 설명할 때 비중 0.917을 인용한다. 눈에 보이는 이해보다, 물 밑의 숨겨진 니즈를 살피고 그 니즈를 움직이면 물 위에 보이는 부분빙산의 일각은 쉽게 움직이게 된다는 이야기이다. 인간의 욕망 91.7%는 눈앞에 보이는 8.3% 밑에 감추어져 있다.

수면 아래 보이지 않는 부분을 읽는 법

기본적인 만족이 결핍됨을 느끼는 상태를 필요need라 한다. 필요는 의식주, 안전, 소속감, 존경, 치료 등에 대한 생리적, 신체적인 것이다. 욕구want는 기본적 필요need를 충족시킬 수 있는 구체적인 것에 대한 바람이다. 예를 들어 허기를 면하기 위해서는 먹을 것이 필요need하고, 빵이던 밥이던 물을 마시고 싶고want 이 중에서 돈으로 사도록 구매력을 자극demand하면 사게buy되는 것이다.

묻지도 따지지도 않는다는 광고 멘트는 '설마하니 그냥 퍼주랴' 하면서도 혹하게 하는 뉘앙스가 있다. 공짜는 없다는 비즈니스의 속성상 '보는 것이 믿는 것' 일 수 있지만 모든 일에는 보이지 않는 0.917이 있다는 생각을 해 볼 만하다.

'만만하게 보다가 큰 코 다치는 일' 은 다반사이다. 세상에 만

만한 일은 하나도 없다. 밑에 가라앉아 있는 잠재된 더 큰 비중 0.917은 잘 관찰하는 사람 눈에만 드러난다.

 아하! 그렇구나
_____

잠재된 욕구를 읽는 방법은 관찰하고, 관찰하고 그리고 관찰하는 것이다.

무슨 기준에서 시작됐을까?   : 147

38명 　제노비스와 방관자들 ————————●

　'방관자 심리'bystander 즉 사회생활에서 타인에 대한 무관심을 얘기할 때 38이라는 숫자를 빼놓을 수 없다. 1964년 3월 13일 금요일, 미국의 키티 제노비스라는 젊은 여성이 귀가 중에 강도에게 강간살해 당했다. '제노비스 사건' 으로 명명된 이 일은 새벽에 35분간 벌어졌다. 피해 여성이 큰 목소리로 구조 요청을 하였음에도 같은 아파트에 살던 동네 사람들 38명이 지켜만 보았다는 것이다. 아무도 선뜻 나서지 않았다고 하여 도덕성 논란을 일으켰다. 살해범은 처음에는 집집마다 불이 켜져 도망쳤지만, 아무도 내다보지 않아서 다시 현장을 돌아가 범행을 저질렀다고 진술했다. 사람은 위험이 닥쳤을 때 굳이 위험에 노출되려 하지 않는다는 것이다.

　방치해 둔 깨진 유리창 하나로 주위가 슬럼화 되는 과정을 '깨진 유리창의 법칙' 이라 한다. 사소한 것을 방치해 두면 그 지점을 중심으로 범죄가 확산되기 시작한다는 이론이다. 미국의 범죄학자인 제임스 월슨James Q. Wilson과 범죄심리학 박사인 조지 켈링George L. Kelling이 1982년 3월에 공동 발표한 글에 처음으로 소개된 사회 무질서에 관한 이론이다.

막장 같았던 뉴욕 지하철이 '낙서 지우기'를 통해 중범죄 사건이 확연하게 떨어졌다고 보고되었다. 공공기물을 아끼자고 하면서 '이 장비는 국민의 혈세로 제공되는 것입니다'라고 마르고 닳도록 얘기하고 써 붙여도 '내 알 바 아니다'라는 심정으로 마구 다루는 것도 같은 현상이다. 공원에 버려진 쓰레기는 사소한 '첫' 투기에서부터 시작된다.

공동책임이 아니라 바로 당신이 책임이다

'너'라고 찍어 책임을 물으면 금세 주변은 깨끗해질 것이다. 공동책임이라는 표현 대신 '바로 당신'이 책임지고 완수하라고 해야 한다. 단체행동과 공동책임은 그래서 리더의 '콕 찍어 주는' 역할이 중요하다. 책임이 분산되면 아무도 하지 않는다.

제노비스 사건에 대해 부연하자면, 반 세기가 지나 새로운 사실이 밝혀졌다. 동생 빌 제노비스의 조사에서 사실은 소리 질러 준 사람도 있었고 경찰에 신고한 사람도 2명 있었다고 하며, 목격자는 총 6명이었다고 한다. 경찰의 과거 수사 실수에 대한 비난을 돌리기 위함과, 기자의 특종 욕심 때문에 왜곡보도가 이루어졌다는 것이다.

체포된 범인은 과거 범죄를 추가로 진술했고, 그 과정에서 경찰이 오인해서 잘못 체포한 범죄 사실도 드러났다. 목격자도 6명으로 최종 발표하기는 했으나 이미 지나가는 얘기가 되어 버렸다. 다른 목격자들은 지켜주지 못했다는 죄책감으로 사실을 밝히지 않았다고 한다. 사망한 여성의 친구가 끝까지 그녀의 곁을 지켜 주었다는 사실도 새로이 알려졌다.

 아하! 그렇구나
모두의 책임은 아무의 책임도 아니다.

8,800만 원   연봉과 행복

그리핀Ken Griffin 17억 달러, 사이먼스James Simons 16.5억 달러, 코헨Steve Cohen 15.5억 달러, 테퍼David Tepper 12억 달러. 이 사람들은 2015년도 10억 불 이상의 수입을 올린 헤지펀드 매니저이자 트레이더들이다.

한때 우리나라 증권시장에서 요란했던 아이칸Carl Icahn도 같은 업계의 플레이어다. 2위인 사이먼스는 2005년부터 2007년에 연봉 1위였고, 2011년도에는 무려 21억 달러의 수입을 올렸다. 2014년도 포브스Forbes에 세계부자 88위에 올라 있는 인물로, 국제수학올림픽 세계수학자 대회ICM로 한국에 방문한 적도 있다. 10억 불은 대략 1조 원, 1조 원은 1억 원의 1만 배이다.

쇼펜하우어는 "부와 명성은 바닷물과 같아서 마실수록 더 목이 마른다."라고 했다. 성경에서도 '돈'과 소유물에 관련된 구절이 2,350곳에 이른다고 한다. 돈과 행복의 상관관계는 많은 곳에서 연구가 이루어지고 있다. 행복을 위한 조건으로 '먹고 입고 살기에 조금은 부족한 듯한 재산'도 언급된다.

카네만과 앵거스의 국립과학아카데미연보 PNAS에 2010년 게재된 분석 결과에서는 "45만 명의 미국인이 2008년과 2009년 자기의 연간 수입과 평소 정서 상태에 대해 응답한 데이터에서 일상생활에 불편을 느끼지 않으면서 돈 때문에 불행하다고 생각하지도 않는 기준은 연소득 7만5천 달러" 즉 우리나라 돈으로 8,800백만 원 정도로 나타났다. 이보다 소득이 높아도 행복도가 더 나아지지 않았다는 것이다.

돈과 행복의 상관관계

국가도 마찬가지여서 1인당 국내 총생산 GDP이 어느 수준에 이를 때까지는 행복도 같이 상승하지만 그 이후에는 다른 나라와 큰 차이를 보이지 않는다고 한다.

행복과 관련해서 빼놓을 수 없는 작가인 칼슨 Richard Carlson 박사는 "만일 당신에게 남아있는 시간이 1시간밖에 없고 단 한 번의 전화 통화만 할 수 있다면, 누구에게 전화를 하며 무슨 말을 하겠는가?"라고 말했다. 그의 저서 〈사소한 것에 관한 큰 책 The Big Book of Small Stuff〉의 93번째 제목은 〈'미안해'라고 말하라〉이다.

어느 기업체에서 "만일 1분 뒤에 세상이 끝나고 사랑하는 사람과 마지막 전화 통화를 해야 하는 상황이 온다면 어떤 말을 하시겠습니까?" 라는 설문조사가 있었다.

4,50대 직장인 남성들을 대상으로 했는데 조사 결과 1위는 '사랑해' 가 아닌 '미안해' 였다고 한다. '당신아내에게 소홀해서 미안하고, 집안일 많이 못 도와줘서 미안하고, 아이들과 많은 시간을 함께하지 못해서 미안하고, 사랑한다고 자주 말해주지 못해서 미안하다' 는 응답이었다는 것이다. '미안해' 라고 말하기 전에 미안할 일을 남기지 않으면 된다.

 아하! 그렇구나

사람은 사랑하고, 돈은 이용하라. 그럼에도 그 반대의 처신으로 인해 불행해진다.

3 화폐의 3가지 기능 ────────────●

　주식투자하는 사람이라면 모네타라는 단어가 낯설지 않을 것이다. 돈의 어원인 moneta는 로마의 여신인 주노 모네타에서 유래한다. 성경에 나오는 데나리온에도 주노 여신은 등장한다. 결혼하기 좋은 6월이 June인데, 여성과 혼인, 출산의 신이었다는 Juno 여신의 신전에서 얘기가 이어진다.

　갈리아인들이 몰래 신전의 성벽을 기어올라 공격하려 할 때 주변의 신성한 기러기 떼가 요란한 울음소리를 내어 알려주었단다. '경고'라는 뜻의 라틴어 monere에 사람을 뜻하는 -eta를 붙여 만들어진 것이 모네타이다.

　모네타moneta는 현대 영어의 화폐 주조소mint와 화폐money로 발전했다. 프랑스어 'monnanie' 통화라는 말의 영향으로 money 라는 말이 파생되었다고도 한다. 또한 모네타로부터 '동전'을 의미하는 스페인어 moneda, 독일의 mark 또는 munze이 만들어졌다고도 한다. 이들 명사는 모두 여성명사이다. 여성을 얻기 위해 남자들은 치열하게 돈벌이 싸움을 한다.

화폐가 가진 3가지 의미

금융투자사의 부서나 사업에 FICC라는 단어가 자주 등장한다. FI는 금리와 밀접한 채권FI fixed income이고, C는 currency 통화를 의미한다. 모네타 신전에서 끊임없이 연기와 주조물이 흘러넘치는 모습에서 '흘러나오다' 라는 뜻의 라틴어 curreer가 영어 단어 currency로 발전했다. 마지막 철자인 C는 원자재 상품을 의미하는 commodity이다.

돈화폐의 기능은 3가지가 있다. 첫째, 거래와 교환의 매개 수단, 둘째, 예금과 적금과 같은 저장 기능, 셋째, 가치를 측정하는 척도이다. 화폐가 갖는 이러한 기능들은 경제 인프라에서 경기를 타고 끊임없이 흘러 다닌다. 행운도 의미하고, 경고도 의미하며, 끊임없이 흘러 다니며 돌고 도는 것이 돈이다.

 아하! 그렇구나

화폐는 끊임없이 돌고 돈다. 돈에 돈 사람과 관계없이.

1 세상의 시작과 나(I) 그리고 1 ─────●

숫자 1은 모든 것의 시작, 앞, 최고를 의미한다. 숫자 1은 영어 알파벳의 I와 모양이 비슷하며, 영어에서 I는 세상의 중심인 '나'를 뜻한다.

흔히 '최고'를 의미할 때 사람들은 엄지손가락을 세운다. 반면 순서로서의 1등을 표현할 때는 검지를 편다. 곧음을 의미할 때도 우리는 일직선이라는 표현을 쓴다. 한 일─ 자도 아라비아 숫자 1을 눕힌 것처럼 보인다. 동서고금에 관계없이 세상은 하나이고 시작은 1이고 ─이다. 유일함과 시작을 의미한다.

결국 나를 의미하는 I는 세상의 중심이 나이고, 세상의 시작도 유일한 나로부터 시작된다는 뜻이 아닐까 싶다.

일차원의 점이 연결되며 만들어 지는 것이 선이다. 그어지던 선을 멈추면 그것이 바로 1이 되거나 ─이 된다. 이 선들이 3차원 세상을 만든다. 하늘로 이어지는 'ㅣ' 과 현실의 땅 '─' 에서 인간은 살아간다.

한글의 모음도 수직 ㅣ, 수평 ─에 존재하는 사람으로부터 만들어졌다고 하지 않는가. 나 ㅣ의 한 ─ 평생의 시작 ㅣ은 하늘과 수직관계, 사람과 수평관계에서 출발했다. 그렇게 살아가고 있음을 인정해야겠다.

세상과 소통하는 나로서의 이메일 주소와 SNS 계정

아이러니하게도 헷갈리게 읽는 글자 중의 하나가 'I' 이다. 영어 소문자 'l엘' 이나 영어 대문자 'I아이' 한글 모음 'ㅣ이' 가 섞여 있는 문장은 맥락을 통해 읽으면 어느 정도는 소통이 된다. 문제는 이메일 주소나 계정의 ID 이다. 상대의 메일 주소에 생년월일과 섞여 있으면 긴장된다. 가끔은 폰트 탓을 하거나 온라인 메모장에 복사 확대해서 확인하기도 한다. SNS나 이메일에 사용되는 나는 ID로 상징된다. 세상과 소통하는 ID 작명을 스스로 한다는 것은 참으로 많은 의미를 가진다. 나와 소통하는 첫 관문이기 때문이다.

 아하! 그렇구나

'생각하는 사람' 의 고뇌는 '변기에 앉아 있는 사람' 의 현실일 수도 있다.

<u>0.9×0.9</u> 사람의 역량

"우리 마을에 오신 것을 환영합니다. 우리 마을 여성들은 모두 강인하고, 남성들은 하나같이 다 잘생겼으며, 모든 아이들은 평균 수준 이상입니다."

미국의 라디오 드라마 '워비곤 호수'에 등장했던 말이다. '레이크 워비곤 효과Lake Wobegon Effect'는 '평균이상효과better-than-average'를 뜻한다. 사람은 자신이 전반적인 지능과 능력 면에서 상위 10%에 속한다고 믿는다는 것이다.

운전자의 90%가 자신의 운전 실력이 평균 이상이라고 생각하고, 심지어는 상위 30%라고 생각하는 운전자의 비중도 무려 80% 수준이라고 한다. 한 연구결과에 따르면 학생들에게 자신이 다른 학생들과 어울리는 능력을 평가하라고 하면 60% 이상이 스스로를 상위 10%에 든다고 평가한다고 한다.

미국 대학 교수의 94%는 평균적인 동료 교수들보다 자신이 더 잘하고 있다고 생각하며, 대부분의 미국 남성들은 자신이 미남이라고 생각하고 있다.

사람들은 자신이 평균 이상이라는 자기만족 속에 산다. '제 잘난 맛에 산다'라는 표현도 있다. 이러한 사람들이 모여 사회를 이룬다. 각자의 재능과 자신감이 모여 더 나은 최고가 되게 하려면 어떻게 해야 할까?

보태고 합해야 시너지가 생긴다

서로의 장점을 인정하고 협력하면 1.2가 될 수 있지만, 부족한 부분이나 불만족한 부분을 강조하면 0.8밖에 되지 않는다. 가족이나 직장 구성원은 모두 장점과 단점을 가지고 있다. 나름대로 전문성과 분야를 가지고 최선을 다해 일한다.

상대의 단점이나 약점에 초점을 맞추면 0.9의 곱하기 협력이 된다. 단점이 지적되는 순간 마음의 물통에 금이 간다. 깨진 물그릇은 금이 간 지점 수준까지 물이 샌다. 커다란 제방은 작은 구멍의 물이 새는 것으로 붕괴된다.

우리는 다른 이의 단점에는 돋보기를 갖다 대고, 자신에게는 졸보기를 갖다 댄다. 그래서는 성장이 담보되지 않는다. 단점보다 장점을 강화하고 노력하는 것이 좋다. 조직 속에서도 각 구성원은 자신의 특기를 최대한 잘 활용하는 것이 최선이다. 기본적인 것에 조금 더 잘하기를 보태고 다른 이들과 힘을 곱하는x 것이 좋다. 그것이 시너지이다. 그러지 못하면 서로를 맥 빠지게 하는 엑스x가 된다.

 아하! 그렇구나

사람 생각의 80퍼센트를 차지하는 감성은 행동을 낳고, 20퍼센트를 차지하는 이성은 결론을 만든다.

<u>60</u>   노인과 노익장 ————————————————————•

케세이퍼시픽Cathay Pacific이라는 항공사가 있다. 케세이 Cathay는 중국이라는 의미다. 서양에서는 60년을 중국의 주기Cycle of cathay라고 부른다. 동양의 사고에서는 십간갑을병~ 과 십이지자축 인묘~ 를 조합한 60년의 완성된 한 주기를 의미 있게 본다. 1년은 60일의 주기가 6번 되풀이되면 만들어진다. 육십진법으로 1시간 은 60분, 1분은 60초다. 60은 20스코어의 3배로 나머지가 없이 정수로 잘 나누어진다.

환갑還甲은 육십갑자가 다시 돌아왔다는 의미로 만 60세의 생일을 축하하는 것이다. 회갑과 환갑은 같은 말이다. 회回도 돌아온다는 뜻이고, 환還도 한 바퀴 돌아 돌아왔다는 뜻이다. 우리 나이 61세다. 을축년에 태어났다면 다시 돌아온 을축년이 바로 회갑이 된다. 진갑進甲은 환갑 뒤 다시 한 살 더 나아간 62세를 의미한다. 이순耳順도 60세를 의미하는데 공자가 60세가 되어 어떤 내용에 대해서도 순화시켜 받아들였다는 데서 유래하고 있다. 조선 후기 양반들의 평균 수명은 53세에서 59세 정도였으니 환갑을 맞이하는 것은 장수를 의미했고, 예전에는 환갑을 노인의 기준점으로 보았다.

UN을 비롯한 글로벌 기준으로는 65세를 노인의 기준점이자 노인복지의 대상으로 하고 있다. 노인복지법상 노인은 65세 이상으로 규정하고 있으나 기초생활보장법에서는 60세 이상으로, 국민연금법에선 60세 이상, 고령자고용촉진법에서는 55세 이상으로 되어 있고, 공공근로는 64세 이하로 규정되어 있는 등 각각 다르다. 지자체에서 운영하는 노인복지회관의 경우 대부분 60세 이상을 이용 연령으로 규정하고 있다. 기초연금법에 따라 지급되는 기초연금은 만 65세 이상 노인 가운데 소득인정액소득과 재산의 소득환산액을 합친 액수이 보건복지부가 정한 선정 기준액에 미달하는 이로 정해져 있다.

언제 노인이 되는가?

NH투자증권 100세 시대 연구소의 '베이비부머 세대별 노후 가치관' 조사2015년에서는 1955년부터 1985년 사이 태어난 30~50대 베이비부머의 절반49.7%은 '노인'이라 여기는 나이를 70세로 꼽았다. 70%에 가까운 사람들이 70세를 노인의 기준으로 생각했다고 한다. 응답자 다수가 노후에 '병치레하는 갑부13.1%' 로 사느니 '건강한 일용 근로자86.9%' 가 낫다고 여겼다. 보건복지부의 '저출산·고령화 국민인식 조사2012년' 를 보면 우리나라 사람들이 노인으로 간주하는 나이는 66.7세였다. 노인 연령을 60세나 65세로 규정하는 것은 평균 수명이 50세를 채 넘지 못하던 19세기의 유물이라고 한다.

복지정책의 기준이 되는 '노인' 의 연령을 '만 65세 이상' 에서 '만 70세 이상' 으로 높이자고 주장하면서 찬반 논쟁이 달아오르고 있다. 100세 시대에서 어지간하면 '노인' 이나 '할아버지' 소리 듣고 싶지 않은 이들도 많다. 하지만 혜택을 받는 것 또한 놓치고 싶지 않은 것이 인지상정이고, 국가차원에서는 연령을 올려 예산 부담을 줄이고 싶을 터이다.

이순을 얘기하는 공자의 말은 나이 값을 하라는 얘기 같다. 젊은이 같은 의욕과 기력을 가진 노익장老益壯은 나이를 잊을 때 가능해진다.

 아하! 그렇구나

나이를 의식하는 순간 '의문의 1패' 는 시작된다.

chapter **3**

경제 전문가도 알쏭달쏭?
이 말이 이런 뜻이었군!

23전 23승   무승부가 없는 시장 ──────●

23전 23승 불멸의 성웅 이순신. 76전 64승 12무승부의 오자. 둘의 공통점에서 필자가 주목하는 것은 하나이다. '패'가 없다는 것이다. 큰 싸움에서는 1패가 곧 죽음이다.

금융시장은 전쟁터이다. 100%씩 수익률을 내며 수십 번을 성공해도 단 한 번의 실패로 모든 것이 끝난다. 90%의 손실을 만회하려면 900%의 수익을 내야 한다. 투자의 달인 워렌 버핏은 '법칙1: 절대 돈을 잃지 말라, 법칙2: 법칙1을 절대 잊지 말라'라고 했다. 실패하지 않는 투자가 곧 성공한 삶을 이끈다. 그래서 우리는 그를 오마하의 현인이라고도 부른다.

성공과 실패라는 단어가 가장 많이 쓰이는 곳이 투자이다. 단어 다음에 가치, 금액, 규모, 수익률, 손익, 기간처럼 다양한 단어를 붙이지만 대개 숫자로 시작해서 숫자로 끝난다. 이 숫자가 목적과 의도에 따라 쓰이면 수치가 된다. 이들 수치 안에 많은 투자성공의 비밀이 숨어 있다.

투자, 이기려고 하는 순간부터 이미 지는 싸움

숫자는 비교를 할 수 있다. 더하고, 빼고, 곱하고 나누면서 자신의 영향력과 의미를 전달할 수 있다. '하늘만큼 땅만큼 사랑해' 라고 말하면 막연하지만, 수억 원짜리 웨딩드레스를 얘기하면 느낌이 잘 와 닿는다. 투자와 관련한 강의에서 대개 묻는 마지막 질문은 "대박 날 종목이 뭔가요?"다. 얘기를 풀기 시작하면 연신 머리를 조아리며 졸던 이들도 고개를 들고 펜을 고쳐 쥐고 노트를 편다. 눈이 빛나기 시작한다. 대박이라면서도 얼마에 팔아야 될지는 조심스러워한다. 숫자는 비교되고 계산되기 때문이다.

인생에서 1분은 찰나와도 같다. 성인 남자는 약 1분 정도 숨을 참을 수 있다. 심박이 멈춘 사람은 4분에서 6분이 지나면 뇌손상이 오기 시작한다. 호흡을 멈추거나 심장이 멈춘 다음의 1분에서 5분은 생사를 가르는 보석 같은 시간이다.

투자는 찰나의 결정을 필요로 한다. 여기서 생사가 갈리고 승패가 이루어진다. 1분이 1분이 끊임없이 이어진다. 앞 선 결정에 관계없이 새로 시작한 1분에서 판단하면 된다. 늘 이길 수 만 없는 것이 투자다. 잘못 탄 버스라면 과감히 내릴수 있어야 희생도 작아진다. 원금을 훼손시키지 않음과 단호한 손절매만이 롱런 투자자가 되는 최소한의 기초 소양이다.

 아하! 그렇구나

속단과 편견으로 인한 실패는 시장에 길들여진 투자자에게서도 발견된다.

0과 1　원점과 출발의 수 ──────────●

　영어보다 더 공용어인 것이 숫자 아닌가 싶다. 숫자 이야기를 하려면 아라비아와 로마를 거론하지 않을 수 없다. 아라비아 숫자의 기원은 인도였다고 한다. 신기한 것은 세상 어디를 가도 표시는 다르지만 0부터 9구까지의 수 개념이 있다는 것이다.

　로마숫자로 1=I, 5=V, 10=X, 50=L, 100=C, 500=D, 1,000=M이다. 시대를 막론하고 100이나 1,000이라는 수량은 존재했을 것이다. 로마숫자로 4,000보다 큰 숫자는 앞서의 I, V, X, L, C, D, M 위에 '一밑줄이 아닌 윗줄'을 그어서 사용한다. 이 윗줄의 의미는 기본 숫자의 천 배x1,000이니, 로마숫자로 1만을 표기하면 이다. M CM XC II. IV. XIII이 생일인 사람을 보자. 한자로 하면 一千九百九十二. 四. 十三이 되고 아라비아 숫자로 표시하면 1992. 4. 13일이 된다.

　천부경天符經에서는 1에서 9까지의 숫자를 가지고 천지창조와 운행의 이치, 만물의 원리를 가르치고 있다. 굳이 81개의 글자를 끌어들이지 않아도 감각적으로 우리는 안다. 한글의 모음을 이루는 천지인 ㅣ ─ ·은 숫자에도 녹아 있다. 시작은 '나'이고 '1'이다. 그렇게 시작한 숫자의 끝은 10이고 수리적으로 무한히 커질 것으로 받아들이며 마무리된다.

모든 변화의 기본수라는 3에서는 안정감을, 9에서는 완성을 앞둔 변화의 정점 같은 것을 느낀다.

숫자는 전 세계 공용어

그러고 보면 '0'은 정말 요긴한 발명이다. 0은 원래 점으로 표현했던 것이 커 보이게 표시하다 보니 원형이 되었다고 한다. 아무리 큰 숫자라 하더라도 0을 곱해 버리면 무無로 돌아가 버린다. 소수점도 만들 수 있다. 한 칸 씩 옮길 때마다 숫자 크기를 10분의 1로 만드는 재주를 가지고 있다. 0에서 9, 그리고 소수점으로 이루어진 세상은 바로 삶의 이치를 보여준다.

숫자에는 세상의 원리가 녹아있고 압축되어 있다. 세상의 중심에 점처럼 있는 나를 돌아보는 시간도 숫자의 연속이다. 어울려 사는 세상도 그렇고, 삶을 지탱시켜 주는 재산도 그렇다.

일이 꼬이고 복잡하게 돌아간다고 느낄 때 원점 그리고 새 출발을 의미하는 '0' 을 생각해 본다. 이미 출발한 1보다 앞에 있는 작은 숫자이고, 아무리 큰 숫자로도 원점으로 돌리게 하는 기특한 숫자이다.

 아하! 그렇구나

숫자는 과학이자 곧 생활이다. 한놈 두시기 석삼 너구리 오징어 육개장….

영상 2도   기준점 효과 ————————————●

    대만에 '최강의 한파'가 닥쳤을 당시 기온은 영상 2도였다. 영상 2도가 그들에게는 '43년만의 혹한'이었고 무려 36명이 동사했다. 반면 시베리아 같은 고위도 한대지역인 툰드라 기후는 여름 기온이 영상 0~10℃ 사이이다. 겨울은 영하 20~30℃ 사이여서 웬만한 식물은 자라지 못한다. 한편 밤의 온도가 25℃ 이상을 유지하면 열대야라고 하는데, 헉헉거리게 만드는 서울의 열대야는 평균 기온 26.5℃인 쿠알라룸푸르의 1월보다도 낮은 수준이다. 이처럼 덥다, 춥다의 기준은 나라마다 다르다.

    쇼핑을 하던 사람이 마음에 쏙 드는 전자제품을 찾았다. 그가 수백만 원의 태그가 붙은 그 제품의 구매를 망설이는 동안 판매원이 '특별할인'을 얘기했다. 이번 기간만 정가의 반값으로 판매한다고 하니 왠지 그 금액만큼 이익을 보았다는 느낌이 든다.

    이와 같이 마음속에 일단 '꽂힌 숫자'가 다음 판단에 영향을

경제 전문가도 알쏭달쏭? 이 말이 이런 뜻이었군!　　　　　　　　: 171

주는 현상을 기준점효과anchoring effect라고 한다. 무심하게 어떤 숫자를 적고나서 다음으로 숫자와 관련되는 질문을 던지면 의식하지 못하는 사이에 그 영향을 받는다.

같은 기온이 한여름도 되고 혹한도 된다

'생각에 관한 생각'으로 유명한 카네만Daniel Kahneman 박사는 기준점효과 외에도 '민감도 체감성'이라는 말을 했다. 민감도 체감성diminishing sensitivity은 '감각적 차원과 재산 변화 평가에 모두 적용되는 원칙이다. 어두운 방은 불을 약하게 켜도 아주 밝아진다. 같은 정도의 밝기를 환한 방에서는 감지하기 어렵다.' 라는 말로 설명할 수 있다.

대만에 최강의 한파가 닥쳤을 때 사람들은 영상 2도가 추운 날씨이긴 하지만 사람들이 얼어 죽었다는 보도에는 놀랍다고 반응했다. 그러나 이것은 평소보다 갑자기 추워진 것에 적응하지 못했다는 뜻도 된다.

사람은 이미 머릿속에 닻을 내린 특정 값에 의해 영향을 받고, 같은 정도와 수준의 영향이라도 주위 환경에 따라 체감정도는 달라진다. 사실은 변화된 것 없이 그대로인데 '먼저 닻을 내렸는가?'와 '주변이 어떤가?'에 따라 미치는 영향도가 바뀐다는 점이다.

 '냉철' 이나 '합리적' 등의 단어와 함께 어울리는 단어가 '경영' 이나 '투자' 이다. 어떤 의사결정 과정에서 요구하거나 기대하는 목표치를 언급할 때도 위의 원리가 작동된다. 60~70% 대의 투자 수익 사례를 얘기하다가 이번 투자 건은 5% 정도 수익이 날 것이라고 얘기해 보라. 기대에 못 미친다는 반응을 얻게 된다. 반면 정기예금 1.5%를 얘기하다가 5% 정도의 수치를 제시하면 달라진다. 기대 이상으로 높다는 반응이 나올 것이다.

 기준점효과와 민감도 체감성은 우리 곁에 늘 있는 현실이다. 합리적이면서 가장 비합리적인 존재가 인간이라고 한다. '체계적인 잘못bias' 을 저지르기도 하고, '고정관념에 기초한 추론적 판단heuristics' 에도 익숙하게 젖어있다. 이러한 것들을 미리 인식하고 잘 활용하면 엄청난 성과를 가져오는 테크닉으로 작동되고 그 성과가 나의 역량으로 환산된다.

 아하! 그렇구나

협상이나 경영에서의 목표점은 일단 높게 잡아라(aiming high).

55%   보디랭귀지

미국의 심리학자 메라비언Albert Mehrabian교수는 그의 저서 'Silent message' 에서 비언어적 커뮤니케이션의 중요성에 대해 얘기했다. 비언어적 커뮤니케이션이란 직접적인 언어 이외의 요소, 즉 목소리 톤 및 크기, 보디랭귀지나 겉모습, 인상 등이다. 의사소통에서 영향을 끼치는 비중은 다음과 같다.

- 언어정보(Verbal) : 7% : 말의 내용, 언어 의미
- 청각정보(Vocal) : 38% : 목소리 크기, 속도, 어조
- 시각정보(Visual) : 55% : 겉모습, 표정, 시선, 몸짓

즉 목소리 톤, 표정 등 비언어정보가 상당히 영향력을 지니고 있음을 알 수 있다. 커뮤니케이션 스킬에 있어 내용도 중요하지만 '몸짓 언어' 에 대해 좀 더 주목하는 까닭은 금융시장에서는 고객과의 접점이 24시간 열려 있기 때문이다. 특히 수익률이나

숫자로만 얘기한다는 착시가 이루어질 가능성이 높기 때문에 더 그러하다.

말보다 몸짓 언어가 더 신뢰감을 준다

불확실성이 금융시장의 최대 변수고 위험이라고 한다. 그러한 시장에서 미래를 얘기할 때 복장, 태도, 몸짓이 주는 신뢰감은 대단히 중요하다. 몸짓 언어는 테스토스테론과 코티졸 수치에 영향을 미친다고 한다. 자신감 있는 자세로 서 있으라고 한 남자들에게서 테스토스테론 호르몬의 양이 증가했다고 한다. 테스토스테론이 증가할수록 본능에 충실한 리비도가 증가하며 곧 생식력의 증가로 이어지고, 또 코티졸 수치를 낮추어 스트레스를 덜 받게 한다고 하니 돌고 돌아 커뮤니케이션은 자신에게도 영향을 주게 된다.

몸짓 언어는 말보다 더 호소력 있고 신뢰감을 줄 수 있다. '기본으로 돌아가자'라는 말을 자주 하는데, 금융시장에서의 기본은 결국 돈과 숫자라는 최소 단위를 의미한다. 금융시장에서의 커뮤니케이션은 기본에서 출발하여 고객과 만족할 만한 접점을 찾고 유지하는 것이다. 내가 늘 고객을 인식하고 있고, 고객 또는 투자자 보호를 위해 최선을 다하고 있음을 소통해야 한다.

디지털 시대가 되면서 얼굴을 맞대지 않는 비대면 비중도 커지고 있다. 고객과 일일이 대면하는 시절에는 은행의 영업점 개수가 경쟁력이었고, 직원의 소통과 업무능력이 곧 실적이 되었다. 그러나 지금은 초연결시대hyper-connected society라고 한다. 잠자는 동안에도 내 머리맡의 휴대폰은 끊임없이 소통의 문을 열어놓고 세상 소식을 받아온다. 더 나아가 만물이 서로 통신하는 만물인터넷IoE · Internet of Everything 시대가 열리는 중이다.

디지털 시대도 소통을 위한 몸짓언어는 필요하다. 지능지수IQ보다는 소통지수CQ가 중시되는 세상이니 이모티콘이나 화상통화, 이미지 등의 활용과 자신만의 노하우를 축적해야 한다. 검색능력이 암기능력의 한계를 상쇄했으니 이제는 호기심을 갖고 세상 대하는 법을 배워야 한다.

 아하! 그렇구나

몸짓도 나만의 아이덴티티가 있다. 가끔 자신의 동영상을 감상해 보라.

8진법   신묘한 숫자 퍼즐

마방진魔方陣, magic square은 수천 년에 걸쳐 오묘한 부적처럼 전해오고 있는 퍼즐이다. 가로 n행, 세로 n열의 바둑판 같은 공간에 1부터 n2까지의 정수를 나열한다. 가로, 세로, 대각선의 합이 모두 같아지도록 만든 배열이다.

방方은 정사각형을 뜻하고, 진陣은 나열을 뜻한다. 3 x 3의 마방진을 예로 들면 첫 줄에 4-9-2, 둘째 줄에 3-5-7, 셋째 줄에 8-1-6을 집어넣으면 가로나 세로나 대각선으로나 그 합이 15로 일치하고 총 합은 45가 된다. 이들을 만들어 내는 원리도 알고 나면 오묘하다. 3방진은 하나밖에 없지만, 4방진을 만족하는 답의 종류는 무려 880가지나 있다고 한다.

마방진과 비슷한 얘기로 중국 황하를 전설로 하는 '하도河圖'가 있다. 하도에 나타난 그림의 숫자들은 생물처럼 서로 음양의 교감을 한다. 수컷인 양수 1은 암컷인 음수 6을 찾아가고, 음수 2는 양수 7을, 양수 3은 음수 8을, 음수 4는 양수 9를, 양수 5는 음수 10을 찾아간다. 1, 2, 3, 4, 5는 천지만상의 기본수인 생수生數이고 6, 7, 8, 9, 10는 조화수인 성수成數이다.

변하는 건 숫자가 아니라 숫자의 배치이다

제갈량이 펼친 진법이라고 해서 제갈량 8진법이라고도 부르는 것이 있는데 이것도 마방진과 같은 개념이지만 그 신묘함으로 인해 사람들이 신비하게 여겼다. 성을 뜻하는 동서남북 사각형과 그것을 이루는 각 꼭짓점과 실선 중간에 점을 찍어 총 8개의 진지를 만들어 군사를 배치한다.

정전법에서 유래한 팔진법은 군사가 불규칙하게 배치되어 있는 것 같지만 어느 방향으로 쳐들어가도 결국은 15개의 부대를 격파해야만 그 진을 돌파할 수 있다. 11명의 선수들이 뛰는 축구에서도 4-2-3-1이나 4-2-2-2, 4-3-3, 4-4-2 와 같은 대형포메이션으로 전략을 구사한다.

숫자로 하는 퍼즐인 스도쿠Sudoku는 소프트웨어 게임이다. 가로 9칸, 세로 9칸으로 이루어져 있는 표에 1부터 9까지의 숫자를 채워 넣는 퍼즐이다. 스도쿠는 '숫자는 한 번씩만 쓸 수 있다 數字は獨身に限る 스지와 도쿠신니 가기루'를 줄인 말이다. 가로든 세로든 하

나의 줄에서는 1에서 9까지의 숫자를 한 번만 넣고, 3x3칸의 작은 격자 셀에도 1에서 9까지의 숫자가 겹치지 않게 들어가야 한다. 2005년부터 알려진 이 게임은 킬링타임 용으로 큰 인기를 끌고 있다.

금융시장에서는 숫자가 곳곳에서 원리처럼 작동한다. 숫자는 언제라도 자기 크기를 그대로 유지한다. 그렇지만 마방진이나 8진법에서 보듯이 배치를 통해 그 영향력이 다르게 느껴진다.

 아하! 그렇구나

숫자가 변하면 증감속도 이상으로 심리적 균형점도 변한다.

40명 알리바바

중국 4대소설의 하나인 수호지의 주 배경은 양산박이다. 108명의 호걸들이 모여 살았던 장소이다. 말이 호걸이지 결국은 도적이다. 조선의 3대 도적 중 하나인 임꺽정은 의적이라 불리며 청석골 산채를 근거지로 삼았었다. '도둑들' 이라는 영화에서는 10명의 도둑이 다이아몬드를 훔친다. 대놓고 몰려다닌 또 하나의 대표적인 도적 무리는 '알리바바와 40인의 도적' 이다.

알리바바는 40인의 도적이 숨겨놓은 보물을 발견한 장본인이다. '열려라 참깨' 라는 보안 패스워드로 도둑질한 물건을 다시 도둑질했으니 오십 보 백 보 다. 이어 복수하러 온 40인의 도적을 찍소리 못하게 황천길로 보낸다. 아름다운 동화 같지만 지금 생각해 보면 '끓는 기름 부어 살해하기' 라는 잔혹함의 사례다.

현대의 도적 알리바바는 인터넷 쇼핑몰이다. 이 사이트는 마음을 훔치고 이어 지갑의 돈을 디지털로 가져간다. 인터넷 세상에서는 가급적 빨리 고객의 마음을 훔쳐야 한다.

홈쳐야 사는 얘기에는 야구도 빠지지 않는다. 야구의 도루는 눈치보기의 끝판왕이다. 베이스를 훔치기 위해 달리고 몸을 던진다. 배터리投手와 捕手의 손끝 발끝을 잘 읽어야 하고, 빠른 발이 있어야 한다. 과감한 대시와 터치를 필요로 할 때도 있다. 20-20 이나 40-40 클럽이라는 이름으로 한 시즌 홈런과 도루를 동시에 달성한 이들을 기록한다.

지금 무엇을 훔치고 있는가?

한류도 세계 곳곳에서 많은 이들의 마음을 훔치고 있다. 우리의 노래와 춤에 대해 많은 이들이 호응한다. 그것이 우리나라의 위상을 보여주는 것 같아 마음 한 구석이 흐뭇하다. 전쟁을 겪은 노년층은 초근목피의 시절을 이겨냈고, 민주화 항쟁으로 경제와 민주화를 동시에 일궈낸 중장년층이 있다. 그리고 이제 한류라는 쓰나미로 세계 곳곳을 뒤덮고 있는 젊은 아이돌 들이 있는 것이다. 지구촌 사람의 마음 훔치기가 영원했으면 좋겠다.

세상의 정보를 훔치는 산업 스파이는 범죄이지만 내 마음을 잘 읽고 잘 훔쳐가는 도적은 무죄이다. 고객의 마음을 훔쳐야 매출이 오르고, 연인의 마음을 훔쳐야 가족이 된다. 세상에서 제일 작은 수갑 _{반지}을 차야 진정한 도적이 되는 것이다.

다른 이의 마음을 훔치기 위해 분주히 노력하는 것은 아름답다. 지금 무엇을 훔치고 싶고 훔치려고 노력하고 있는가?

 아하! 그렇구나

빅데이터와 빅브라더는 형제간일 수도 있다.

<u>6분 vs 3시간 26분</u>　사냥식 쇼핑과 채집식 쇼핑 →

쇼핑에 관한 에피소드로 자주 소개되는 실험이 있다. 의류 브랜드 갭GAP 매장에 가서 청바지를 사오는 동선과 시간과 비용을 조사한 것이다. 남자는 6분에 33달러를 소비했다. 사냥하듯 목표물로 향했고 구매한 것이다. 반면 여자는 복잡하고 다양하게 쇼핑한 끝에 3시간26분을 소요하고 876달러를 소비했다. 여성은 채집하듯 청바지 외에도 다른 쓸 만한 것들을 사온 것이다.

남성과 여성의 살아가는 목표와 방식의 차이가 원시시대 이래로 여실히 남아있음을 느끼게 되는 실험 결과이다. 수렵을 통해 먹이를 쫓아 사냥하는 하는 수컷의 본능, 거주지를 중심으로 위험을 늘 탐지하고 주변을 경계하며 새끼를 보호해야 하는 암컷의 본능은 둘 다 존중받아야 한다.

부부가 함께 쇼핑이나 장을 보면 그 모습이 확연하게 다르다. 남녀의 쇼핑 패턴과 차이를 인식한 기업들은 마케팅 목표를 각기 다르게 접근한다. 백화점 안의 남성들을 위해 '내 집처럼 편하게 기다리는 전략'을 사용하기도 한다. 여기서 진일보하여 '기다리게 하지 말고 사게 하라'는 전술이 쓰이기도 한다.

방관자를 소비자로 만드는 전술

이러한 전술은 여성이 쇼핑하는 동안 방치될 가능성이 높은 남성들을 타깃으로 한다. 기다리는 버스가 더 더디게 온다고 느끼고, 식당에서 주문하고 기다리는 시간은 길고 지루하게 느껴진다. 무심히 홈쇼핑을 보다 보면 분명 5분 전까지 내게 무관했던 상품이 언젠가는 꼭 필요하고, 지금 사지 않으면 후회하게 될 것 같은 느낌으로 다가온다. 일단 노출시켜서 반복하여 전달하다 보면 방관자가 적극적인 소비자로 변신한다. 길고 긴 지루함을 견디며 기다리는 남성들을 겨냥한 마케팅 활동이 된다.

이들이 관심을 갖고 달려들 만한 전자제품이나 차량 등을 체험하게 하는 전략이 그 예이다. 혼자만의 방에 놓인 듯한 편안한 상태에서 가구, 전자제품, 오디오, 비디오, 서적 등을 편하게 즐기고 체험하게 하는 것이다. 효용과 서비스에 만족도가 생겨 이른바 '필이 꽂히'고 나면 그 다음부터는 여성 소비자를 능가하는 쇼퍼홀릭이 될 수도 있다.

 아하! 그렇구나
장수를 맞추려면 먼저 말을 쏘라고 한다. 쇼핑할 때 남편은 말이 된다.

1:10:100 　페덱스 법칙 ——————————•

　시작이 반이라는 말은 시작하기 전에 심사숙고하라는 뜻과, 결정했으면 우물쭈물 하지 말고 즉각 실천으로 옮기라는 두 가지 의미가 있다. 일단 시작되면 시행착오와 예외가 발생하기 마련이다. 머릿속이나 종이 위에 정교하게 그려도 현실에서는 의도를 벗어나기 일쑤다. 그래서 시작 단계에서 보이는 오류나 실패에 단호하고 신속하게 대처해야 한다.

　서비스 부문에서 말콤 볼드리지 상Malcolm Baldrige Quality Award, 1990을 수상한 미국의 유명한 물류회사 페덱스FedEx의 얘기다. 이 회사에는 1:10:100의 법칙이라는 것이 있다. 불량 발생 시 즉각적으로 고치는 데에는 1의 원가가 들지만, 다음 과정으로 넘어가 버리면 책임소재나 문책 등의 이유로 이를 은폐하고 유통시키면 10의 원가가 들며, 최종 서비스 이용자인 고객 손에 들어가 클레임이 걸리면 100의 원가가 든다는 법칙이다. 품질경영 전문가 주란Joseph M.

Juran도 기업에서 발생하는 비용을 예방-평가-실패 비용으로 나누어 1:10:100 법칙을 제시한 바 있다.

'호미로 막을 것을 가래로 막는다' 는 속담을 법칙으로 표현하면 1:10:100이 된다. 개발단계-생산단계-판매단계에 따라 불량이나 하자를 적극적으로 대처하면 100의 원가가 들어갈 것을 1로도 막을 수 있다는 뜻이고, 좀 더 긍정적인 방식으로 얘기하자면 1의 투자로 100의 효과를 볼 수 있다는 의미도 된다.

호미로 막을 것을 불도저로도 못 막는다

어설픈 대응은 화를 키운다. 대기업 회장의 '갑질 후 사과' 나, 연예인의 음주운전이나 추문에 대한 '유감 기자회견' 도 해명하는 과정에서 오히려 일을 키우는 경우가 많다. 즉시 현장에서 담백하게 시인하고, 깔끔하게 후속 조치를 취하면 될 것을 변명과 책임회피 등으로 일관하다가 일을 꼬이게 만드는 것이다. 화끈하게 무릎 꿇고 용서를 구하고 처분을 기다리면 된다.

미국 소비자 집단 소송 합의액 가운데 가장 큰 액수는 폭스바겐이 미국에서 디젤차 배출가스 조작으로 피해를 본 소비자들에게 보상금으로 제시한 149억 달러약 17조 4,000억 원이다. 징벌적 과징금이 아닌 합의액으로 이만한 금액이 나온 걸 보면 스스로 무엇을 얼마나 잘못했는지를 아는 것 같다.

이를 통해 우리나라 세월호 침몰이나 메르스 사태, 가습기 살균제 사건을 돌아보게 된다. 참으로 유감이고 후속 과정에 대해서는 분노하게 된다. 처음에, 초기에, 먼저, 조금만 더 신경을 썼더라면 하는 아쉬움이 곳곳에서 발견된다.

그래서 다시 1:10:100 법칙을 되돌아본다. 초동 단계에서 호미나 가래로 막았을 수 있었던 일을 굴삭기와 불도저로 막게 되었다는 사실만이 확인될 따름이다.

 아하! 그렇구나

미봉은 미봉이지 완봉은 아니다. 미봉한 본인이 그 사실을 안다.

1 vs 29 하인리히 법칙 ──────────

'대충' 이면서도 '철저히' 일하는 요령이 하나 있다. 엉성한 스토리에 숫자로 범벅을 만들면 된다. 그리고 같은 숫자라도 더 세세한 단위로 표현하는 것이다. 5백만 보다는 499만 5천이 더 정확하다는 인상을 준다. '적다/많다' 라고 표현하기보다는 숫자로 나타내면 비교가 되며 좀 더 명확해 보인다.

감각적으로 현재 단계에서 그 일이 어느 정도 중요한지를 인식하는 것은 다음 중 하나이다. 300번의 사고신호, 29번의 경고, 1번의 재해. 이와 같이 도미노처럼 이어지는 과정을 '하인리히 법칙' 이라고 한다. 하인리히 법칙은 1931년에 '산업재해 예방 : 과학적 접근' 이라는 책에서 소개되었고 이 책은 산업재해예방 분야의 고전이라는 명성을 얻었다. 대형 사고가 발생하기 전에 관련된 수많은 경미한 사고 전조와 경고성 징후들이 반드시 존재한다는 것을 밝힌 것이 바로 하인리히 법칙이다.

페덱스의 1:10:100 법칙은 일이 처리되는, 특히 오류를 수정하는 프로세스 단계에서의 복구 비용을 얘기한다. 반면 하인리히 법칙은 사건 전후에 발생하는 재해 건수와 규모에 대한 법칙이다. 초동 단계에서 무심하게 다음 단계로 넘기거나, 사소한 것들을 방치할 때 큰 재해가 발생한다는 것이다. 재해뿐만 아니라 각종 사고나 재난, 또는 사회적·경제적·개인적 위기나 실패와 관련된 법칙으로도 확장되어 해석된다.

작은 신호를 방관한 대가

이 법칙에 자주 인용되는 사례가 있다. '6·29' 하면 민주화 선언을 떠올리는 이도 있겠지만, 1995년의 6·29는 지하 4층 지상 5층의 서울의 삼풍백화점이 붕괴된 날이다.

당시 29번의 작은 재해가 있었는지 혹은 300번의 전조가 있었는지 세 본 사람은 없었겠지만, 5층 식당 주인들은 계속 비상사태를 호소했다. 대들보 없는 특이한 설계에 하중의 몇 배가 되는 냉각장치가 옥상에 있었으니 무수히 작은 사고 전조와 신호가 있었을 것이다. 그것에 대한 무신경이 1,400명을 훌쩍 넘는 사상자를 낸 대형 사고로 나타난 것이다.

대개 재해를 사전에 인식한다고 해도 나에게는 일어나지 않을 것이라는 근거 없이 막연한 믿음을 갖기 마련이다. 큰 재해는 그런 방심 속에 일어난다. 300번이 되건 29번이 되건 굳이 세어 '정말 그 숫자가 맞네' 해 봤자 아무 의미가 없다.

　다가오는 신호 중 단 하나라도 민감하고 중요하게 받아들였다면 비용으로 환산할 수 없는 목숨들이 여전히 살아 이 세상을 이끌어가는 역군이 되어 있을 것이다.

 아하! 그렇구나

혁신은 지금 벌어지는 현상에 대한 예민한 관찰에서 시작된다.

3할 9푼 3리　기록경기 ──────────────●

　야구는 기록의 운동이다. 한국야구위원회_{KBO : Korea Baseball} Organization에는 소위 '넘사벽_{넘을 수 없는 사차원의 벽}' 이라 일컬어질 만한 개인 기록들이 있다. 그중 양준혁은 프로생활 18년 동안 통산 타율 0.316. 2,318안타 351홈런 1,389타점을 기록했고, 1993년부터 2008년까지 16년 연속 세 자릿수 안타로 최장 기록도 수립했다. 그의 9년 연속 3할 대 기록은 어지간해서는 넘어서기 어려운 벽이다.

　1994년 해태 소속의 이종범은 '바람의 아들' 로 불리며 전성기를 누렸다. 124경기 출장 499타석에 196안타로 타율 0.393_{3할 9푼 3리}를 기록했다. 19홈런 77타점 113득점. 여기에 84개의 단일시즌 최다 도루를 기록하며 야구 역사의 한 페이지를 장식했다.

　투자와 수익률에 있어서도 야구와 비슷한 부분이 있다. 한두 번의 투자 성공이나 단기간의 투자 성공을 역산하고 환산하다 보면 자신이 투자의 귀재처럼 느껴진다.

하지만 반세기 동안 투자를 통해 얻은 성과가 복리 실효수익률로 연 20% 이상으로 계산되는 워렌 버핏을 넘어서는 것은 상상하기가 어렵다. 필자는 '한 번의 투자에서 크게 수익을 낼 수 있고 여러 번의 투자에서 잠시 대박을 내는 것도 가능하지만 계속해서 대박을 낼 수는 없다.' 는 이야기를 자주 한다.

기록이 모든 것을 말해준다

투자를 위해 기업을 선별하는 과정에서는 밸류에이션을 한다. 주가순이익비율PER, 주가순자산비율PBR, 배당할인모형DDM 등 다양한 기준과 방법을 적용한다. 하지만 이들이 어느 한 기간 최고의 성과를 보였다고 덜컥 의사결정을 하지는 않는다. 얼마만큼 꾸준히 성장해 왔고 성과를 일궈왔는지를 보는 것이다. PER만 하더라도인플레이션을 고려하지 않은 한 회사의 단기지표를 보거나, 여러 회사의 합산지표를 볼 때 총액기준이 큰 회사로 인해 편향된 해석을 하기 쉽다. 그래서 쉴러Robert James Shiller 교수는 인플레이션을 고려한 지난 10년 간의 수익을 평균으로 한 경기조정수익비율CAPE ratio : Cyclically Adjusted Price Earnings ratio을 소개했다.

수십 년을 성공해도 단 한 번의 실패로 모든 것이 원점으로 돌아가는 것이 투자다. 투자자가 투자판단을 하는 종목에 대해서는 자신만의 방법과 노하우가 있을 수 있다. 다만 믿고 맡기려고 할 경우에는 꾸준히 자기 성과와 수익률 관리를 해온 운용자와 운용회사를 살펴 볼 필요가 있다.

우등생이 괜히 우등생이 되는 것이 아니다. 꼴찌가 연필을 잘 굴리고 찍기를 잘해서 '1등'에 오를 때도 있지만, 여기에 현혹된다면 결국 꼴찌 친구가 되어 운명을 같이 하게 되는 것이다. 꾸준하게 성과를 내는지를 살펴보는 방법은 '기록'을 세심하게 보는 것 뿐이다.

 아하! 그렇구나

지금 내가 어디에 있고 어디로 가는 지를 기록하는가. 기억만으로는 결코 그 목적지에 도달할 수 없다.

10%   CEO리스크 ——————————●

　가장이 중심을 잘 잡고 있어야 가정이 제대로 돌아가는 것처럼 기업에서는 최고경영자CEO의 무게감이 중요하다.

　우리나라에서는 오너가 곧 회사다. 역으로 보면 리스크가 된다. CChief로 시작하는 임원들로는 최고경영자CEO, 최고재무관리자CFO, 최고마케팅책임자CMO, 최고운영책임자COO, 최고위험관리자CRO, 최고정보보호책임자CISO, 최고정보책임자CIO 등 많지만 그 중에서도 CEOChief Executive Officer의 몫이 제일 크다. '최고ㅇㅇ자' 라는 역할만 해도 7명이나 된다. 회사의 주요 기능으로 무엇이 있는지를 보여준다.

　돈을 만지는 조직은 가끔 담당자를 규정에 의해 휴가를 보낸다. 휴식을 취하라는 의미도 있지만 빈 시간 동안 업무가 정상적으로 돌아가는지도 같이 점검하게 된다. 필자도 휴가를 갈 때면 '내가 없어도 일이 잘 돌아갈까, 갔다 오고 나면 펑크 난 일이 많아서 헤매지 않을까' 하는 마음과 '내가 없어도 일이 잘 돌아가도록 처리해 놓았으니 문제 없다' 하는 마음이 같이 있었다. 'CEO 리스크' 라는 것도 CEO가 있을 때와 없을 때의 경우를 말한다.

CEO의 제왕적 행태와 도덕적 해이가 낳는 폐해

최고 책임자들이 임직원과 주주의 이익보다 그들의 자리와 몫을 먼저 챙긴다면 회사가 성장할 리가 만무하다. 제왕적 행태나 도덕적 해이를 통해 이루어지는 터널링tunneling은 가장 질이 안 좋은 형태의 사적 편익이다. 기업의 자원 및 이익을 오너 등의 지배집단이 전용, 도용, 이전하는 것을 뜻한다. 횡령, 배임, 내부거래, 일감 몰아주기, 대출채무보증 등등이 이에 해당한다.

내실 경영과 미래의 먹거리 찾기, 그리고 경쟁력을 갖춘 기술력 쌓기는 최고 경영자가 끊임없이 갈구하는 일이다. 탄탄대로를 밟다 보면 독선과 아집에 빠질 수도 있고, 조급한 마음에 속단과 편견에 빠질 수도 있다. 상장 폐지된 많은 기업의 사례에서 CEO리스크는 발견된다. 최고경영자는 시스템 정치, 시스템 경영을 지향한다.

한편으로는 자신의 통찰력에 대한 영향력이 있기를 바란다. '감추어진 핵심을 직관적으로 파악하고 한눈에 알아보는 것' 즉

통찰력은 최고경영자의 최고 덕목이다.

　법률적, 도의적 문제에서 벗어나 있다면 CEO리스크는 CEO챌린지의 다른 표현이 된다. 경영자는 소비자의 말을 맹신하지 말고 행동을 보아야 한다. 고정관념을 버린 관찰을 최우선시 해야 한다. 그런 통찰력으로 바뀐 경영의 사례도 많다. 금을 만들려던 연금술이 화학으로 발전하였고, 붙는 것만큼 떨어지는 것의 중요함을 인식한 사례쓰리엠, 두 손가락으로 화면을 키우는아이폰 혁신적 사고 등이 줄을 잇는다.

　업종을 불문하고 '경영관리능력평가' 는 기업평가의 주요 항목이 되었다. 금융감독원의 경영실태평가에서는 "CEO리스크 항목이 생기면서 경영관리능력평가의 비중이 2배로 커졌다" 며 "CEO리스크 평가만 전체의 10% 가량을 차지하게 돼 그만큼 강도 높은 점검을 벌일 것" 이라고 했다. 기업 경영에 있어 CEO의 비중과 리스크는 퍼센트 이상의 의미를 가진다.

 아하! 그렇구나

리더는 '위기는 기회이고, 장애는 도전이며, 실패는 경험이고, 한계는 인식이다.' 라고 말한다.

37% 최선의 선택 ─────────────●

선택을 할 수는 있으나 지나간 것에는 되돌아가 선택을 하지 못한다는 제한이 있다 치자. 예를 들어 100명과 미팅할 수 있으나 결정하지 않고 지나간 파트너는 다시는 선택 대상이 되지 않는다. 또는 10개의 제품을 하나씩 보여주고, 보여줄 때마다 선택은 가능하나 지나간 것은 다시 선택할 수 없는 경우이다. 이럴 때 적용할 수 있는 룰이 '37%의 법칙'이다.

통계학자들의 말을 빌리면 처음 37%37명, 4개를 확인해 보면 전체 수준을 알 수 있단다. 그래서 앞으로 보게 되는 것 중에서 앞서간 37명이나 4개보다 좋다고 판단될 때 즉시 그것을 고르면 좋은 선택이 된다고 한다.

피자는 이미 나누어진 상태로 오니 집는 사람 마음에 따라 집어 먹으면 된다. 그런데 만일 나누어야 할 상황이라면 나누어진 몫의 크기에 따라 감정이 상할 수 있다. 이럴 때 가장 현명한 방식은 자른 사람이 최후에 선택을 하는 것이다.

우리는 늘 제안을 받고 선택을 해야 한다. 제안을 하는 사람과 받는 사람의 이해가 최선의 가치를 만들어 내기란 쉽지 않다. 그렇지만 가장 이기적이면서도 합리적으로 결정해야 될 부분에서 공정성과 '감정' 이 뒤섞여 개입되면 이기적이지도 합리적이지도 않은 선택을 하게 된다.

이익만큼 공정성도 중요시된다

사람들은 개인적 이익 못지않게 공정성을 매우 중요하게 생각한다. 제안 방식 중에 '싫으면 말고' 라는 '최후통첩게임'ultimatum game이 있다. 두 사람이 있고 A가 제안한 것에 대해 B가 동의하면 그 제안대로, B가 거절하면 둘 다 '꽝' 이 되는 방식의 실험이다. 돈 1백만 원을 A에게 주고 제안을 만들어내라고 하는 실제 실험 결과에서 많은 사람들은 40% 이상의 몫을 상대에게 제안하는 관대함을 보였다. 상대방인 B도 그 값이 현저히 작을 경우에는 그 거래 자체를 거부하는 경향을 보였다고 한다.

제안과 선택은 나름 예술적인 부분이 있다. 과학적인 부분이 아니라는 뜻이다. 풍선 누르기나 제로섬 게임과도 같아서 제안한 사람의 이익은 선택할 사람의 손실이 될 수밖에 없는 것이다.

이럴 때는 단기적인 시각과 장기적인 방향성, 사회규범과 시장 규칙 등을 놓고 협상의 테이블에 제안을 올려놓아야 한다. 협상에 임할 때 우리는 BATNA Best Alternative To a Negotiated Agreement, 최선의 대안를 적절히 활용해서 당사자가 지금 하고 있는 이 협상에서 깨진다면 실패한다면 무엇을 할 수 있는지를 노출해서 대응하기도 한다.

단, 같은 일을 하더라도 무료의 자원봉사는 할지언정, 낮은 보수를 주고 하라고 하면 거절한다. 사회규범과 시장규칙은 다르게 적용되기 때문이다.

 아하! 그렇구나

공짜로는 해 주어도, 싸게는 못 해 주는 것이 있다. 재능 기부와 봉사의 영역이다.

23.5도   지구의 자전과 시테크 ●

　지구는 남극과 북극을 잇는 자전축을 중심으로 회전한다. 지구를 북극에서 바라봤을 때 시계반대방향서쪽에서 동쪽으로으로 한 시간에 15도, 24시간에 한 바퀴씩 자전한다. 지구는 공전궤도면에 대해 23.5도 기울어져 있다. 태양을 중심으로 공전하는 동안 계절은 변하며, 그러는 동안에도 밤낮은 서로 교대를 반복한다.

　1997년 초 삼성그룹은 93년부터 실천해온 '질質경영'의 뒤를 잇는 새로운 생존전략으로 '스피드경영'을 주창했다. 벌써 20년 전 일로, 제품product, 사람people, 업무process 등 3P의 질quality을 향상시키는 것을 최우선 과제로 했다.

　이후 경영전략을 준비하기 위해 선진 기업을 조사한 결과 '기업의 힘power=양scale × 질quality × 스피드speed'라는 결론을 얻어냈고 스피드경영이 전략이 되었다. 상품이나 서비스를 싸게양, 좋게질, 빠르게스피드, 공급하는 게 경쟁력의 근원이라는 것이다. 조사에서는 상품이나 서비스의 질은 선진 기업의 90% 수준인데 비해 스피드는 50%에도 미치지 못했다. 연구개발, 상품배달, 납기 준수율 등도 선진 기업에 비해 2배 정도 느렸다고 한다. 스피드 경영은 총체적인 시간중심time-based 경영이다. "먼저 / 빨리 / 제때 / 자주"라는 4가지 스피드경영의 속성으로 '기회선점경영「먼저」, 시간단축경영「빨리」, 타이밍경영「제때」, 유연경영「자주」'를 소개하고 있다.

누구에게나 24시간이 주어진다

요즘은 크고 느린 것을 작고 빠른 것이 잡아먹는 것에 대개 공감하고 동의한다. 지금 눈앞의 일을 질 경영과 스피드 경영의 속성에 얹어 보자. 누구에게나 균질하게 24시간이 부여되지만 여기에 좀 더 부가가치가 있게 하는 노력은 경영의 고전을 생각하게 한다. 동작연구motion study와 시간연구time study가 그것이다. 매일의 일상이 반복되어도 태양이 공전을 하듯 우리는 각자의 비전을 향해 큰 공전의 그림을 그려 나가야 한다.

스피드경영 이후 송재용 교수서울대 경영대의 '스마트경영'이라는 개념을 접하게 된다. 변화하는 환경에 능동적으로 대응하는

경영이다. 제품^{또는}서비스이 자체 지능을 가지고 사용자의 니즈에
능동적으로, 유연하게 대응해야 한다는 것이다.

　오늘날과 같은 지식기반 경제에서 가장 핵심적인 자산은 지식
이다. 그러한 지식을 지속적으로 창출해낼 수 있는 경영체제가
바로 스마트경영이라고 한다. 여기서도 24시간의 제한과 '시테
크' 라는 명제는 여전하게 작동한다.

 아하! 그렇구나

올바른 일을, 제 때, 제대로 하는 것이 경영의 요체다.

68% 고객에 대한 무관심 ─────────────●

맨발의 아프리카인을 보고 신발을 팔 수 없다고 보는 사람도 있지만 '시장이 무궁무진하다'로 보는 사람도 있다. 수요자에게 애정을 가지면 필요한 것이 보이고 그들의 욕구를 자극할 수 있다.

뉴올리언스 대학 교수였던 르뵈프Michael LeBoeuf 교수는 저서 "How to win customers and keep them for life"에서 고객이 떠나는 이유에 대해 1%는 사망, 3%는 이사, 5%는 친구교분으로, 9%는 경쟁력 있는 업체 때문에, 14%는 제품 불만족이라고 적시했다. 결정적인 68%는 종업원의 고객에 대한 무관심한 태도 때문에 거래를 끊는다는 것이었다. 사랑의 반대는 미움이나 증오가 아닌 '무관심'이라고 하는 것과 같은 맥락일 듯싶다.

그는 새 고객을 평생고객이 되게 하려면 '옷을 팔려 하지 말고 대신 좋은 인상과 멋진 스타일 그리고 매혹적인 외모를 팔 것이며, 집을 팔려 하지 말고 대신 안락함과 자부심 그리고 되팔 때의 이익을 팔라' 고 했다. 고객의 관점에서 제품을 보라는 것이다. 하드웨어의 구입은 소프트웨어적인 만족과 행복을 얻기 위해 이루어진다는 것을 강조하는 것이다.

무관심 때문에 고객이 떠난다

작던 크던 관심을 보이면 숨겨진 새로운 사실을 발견하게 된다. 잡은 고기라 해서 먹이를 주지 않는 실수를 저질러서는 안된다. 더 주어야 한다. 그래야 매의 눈을 가진 고객들이 모인다.

사전에 나와 있는 '자원resource' 은 인간 생활 및 경제 생산에 이용되는 원료를 뜻한다. 컨설팅, 솔루션개발, 강의를 하는 필자에게 자원은 비즈니스를 위해 투여되는 시간, 자본, 인력이 모두 모아진 개념이다.

현실적으로는 내가 그 자원을 갖고 있는가와 배분이 중요한 과제가 된다. 그렇지만 과제를 선정하기에 앞서 거기에 보이는 '나의 관심이 얼마나 큰가' 를 먼저 가늠한다.

비즈니스는 '다른 사람의 돈' 이라는 말로 쉽게 정의된다고 한 피터 드러커Peter F. Drucker는 "하지 않아도 될 일을 효율적으로 해내는 것만큼 쓸모없는 일은 없다." 고 했다. 우리가 무엇인가에 관심을 가진다는 것은 자원이 투여된다는 뜻이다. 그렇다면 자원이 투여되고 배분되어야 하는 '해야 될 일' 은 어떻게 결정될까? 그것은 당연히 관심을 갖고 보아야 보이고, 관심을 보여야 보여준다.

 아하! 그렇구나

샘 월튼의 고객 철학 제1조는 '고객은 항상 옳다' 이고, 제2조는 '만약 고객이 옳지 않다면 제1조를 들여다 보라' 이다.

100달러와 10센트   지폐와 차용증서 ─────────●

고대에는 조개, 소금, 가축 등 필수적이고 귀한 것들이 화폐의 역할을 했다. 봉급을 뜻하는 샐러리salary는 소금을 뜻하는 sal에서 유래되었고, 자본을 뜻하는 캐피털capital은 소를 뜻하는 cattle과 어원이 같다고 한다. '땡전 한 닢 없다' 는 말을 만들어 낸 홍선대원군 시절의 당백전이나, 그린백남북전쟁 중인 1862년 발행한 지폐로 뒷면이 녹색이었다이라 불린 미국연방정부 지폐는 모두 화폐이다.

화폐의 한 종류인 지폐는 주권국가의 중앙은행이 발행한 차용증서나 다름 없다. Fed연방준비은행의 2년 단기채를 bill이라고 부르는데, 식당에서의 요금청구서도 bill이다. 금본위 시절에는 태환이 된다는 보관증서에 가까웠겠지만 그 시절에도 보관된 금의 양보다 훨씬 많은 규모의 보관 증서를 발행했다고 한다.

종이라고 하지만 지폐는 면화로 만든다. 장당 10센트 내외의 비용을 부담한다. 인쇄 하자로 폐기된 100달러 지폐 11억 달러어치는 인쇄비용만 1억3천만 달러 가량에 달했었다. 2012년 말경의 일이다. 기축통화가 된 돈은 잉크만 있으면 찍어대는 무한생산과 무소불위의 권력이 된다. 이른바 시뇨리지 효과이다.

돈은 피의 역할을 한다

2008년 글로벌 금융위기 이후 미국과 유로존, 일본 등은 경쟁적으로 통화를 팽창시키고 있다. 전후 혹은 격변의 시기를 겪는 나라들에서 지폐로 불쏘시개를 삼거나, 지폐묶음으로 만든 블록으로 벽돌쌓기 놀이도 했다. 플라스틱 머니카드를 넘어 이제는 블록체인이라는 알고리즘의 비트코인도 화폐 역할을 한다. 이 화폐는 인쇄해서 조폐하지 않는다. 인터넷을 통해 채굴한다는 표현을 쓴다. 앞으로 어떻게 진화하고 작동할 것인지 궁금하다.

지폐에는 그 나라의 주요 인물들이 인쇄되어 있다. 요즘은 주로 지폐 중앙을 피해반지갑에 보관할 경우 얼굴이 접히므로 인쇄되어 있다. 코를 중심으로 지폐를 뒤로 접은 다음 위나 아래에서 들여다보면 인물의 표정이 극적으로 바뀐다.

'돈맥경화'라는 풍자어가 있듯이 경제에서는 돈은 피로 상징된다. 경제를 돌고 도는 돈통화의 어원에는 기본적으로 경고와 경계의 뜻이 담겨 있다.

　돈을 벌 때, 쓸 때, 관리할 때 명심할 만한 가치이다. 어느 위치에서 보느냐에 따라 지폐 속 인물의 인상이 바뀌듯이, 돈은 어떻게 보느냐에 따라 생활과 철학이 달라진다.

 아하! 그렇구나

돈의 어원에는 경계의 뜻이 담겨 있다.

714개의 홈런 고난의 결과 ●————

2016년 3월 9일, 이세돌 9단이 인공지능 '알파고'와 5번기 첫 대국에서 186수만에 돌을 놓아 불계패를 당했다. 그리고 제4국에서 이세돌은 180수만에 백 불계승을 거뒀다. 3연패 끝에 1승을 거둔 날 인간들은 그 대국의 제 78수를 '신의 한 수'로 칭하며 환호했다. '구글 딥마인드 챌린지 매치'는 결국 4:1로 인공지능의 승리로 마무리되었다.

대국 전의 셈법은 대국 장사가 밑지는지의 여부였다. 승리를 낙관한 미디어들은 대국료 15만불, 대국당 승리수당 2만불, 우승자 상금 100만불을 계산했다. 알파고가 승리할 경우 상금은 기부된다고 했다. 알파고 홍보효과도 계산했다. 이세돌이 제4국의 승리를 이루었을 때까지 우리는 잊고 있었다. 대국은 과정 자체가 최대의 홍보효과를 거두고 있었다. 패배할 때마다 홍보가 되었고, 대국의 기보가 중요한 자산으로 이미 그 가치가 녹아 들어가고 있었다. 3국까지의 패퇴감을 시원하게 날려버린 제4국은 최고의 홍보가 되었다.

시골 통나무집에 사는 병약한 사람이 자기 집 앞의 큰 바위로 인해 출입을 힘들어 했다. 랍비는 매일 그 바위를 밀라고 했다. 8개월 동안 병자는 쉬지 않고 바위를 밀었고, 1센티미터도 옮겨지지 않은 바위에 낙담하며 좌절했다. 좌절한 그를 보며 랍비가 거울을 들여다보라고 했을 때 그 병자는 그제야 자기가 건강한 사람으로 변해 있음을 인식할 수 있었다.

이세돌이 연패할 때도 마찬가지다. 이미 그 패배 자체가 그의 보석 같은 배경을 만들어 주고 있었다.

714개의 홈런 뒤에는 1330번의 삼진아웃

전설의 홈런타자 베이브 루스는 생애 통산 714개의 홈런을 기록했다. 관중과 팬은 적어도 714번의 환호와 박수를 보냈을 것이다. 우리는 위대한 그의 기록을 기억하며 그를 추억한다. 그의 대기록 뒤에는 1,330번의 삼진 아웃이 있음을 또한 기억해야 한다. 삼진을 당할 때 마다 그도 똑같이 좌절하고 난감함과 민망함을 느꼈을 것이다. 이번이 마지막이 아니고 계속될 것이기 때문에 그를 발판으로 다음 타석에 나서면서 다시 도전하였을 것이다. 홈런의 두 배에 가까운 좌절의 그림자가 있었다.

　매번의 기회를 승과 패로 단정하는 것이 일반적이다. 하지만 세 번을 패배한 대국, 8개월 간의 노력에도 밀리지 않은 바위, 1,330번의 삼진이 그들을 위대하게 만든 토양이다. 패배와 실망 그리고 좌절의 부대낌이 나를 단련하는 도구와 힘이 되었다는 사실이다. 그 힘들고 어두운 도구가 훌륭하고 멋진 배경이 되어 '나' 라는 브랜드를 환하게 포장해준다.

　사람은 실수하고 실패하고 패배한다. 절망하고 좌절하고 낙담한다. 하지만 실패가 이어질수록 더 멋진 그림을 위한 한 획이 그어지고 있다.

 아하! 그렇구나

실수가 두려워 안달하는 것이 가장 큰 실수이고, 실패가 두려워 시도하지 않는 것이 가장 큰 실패라고 한다.

1,000피스 — 퍼즐 조각 ────────

애나 어른이나 같이 갖고 노는 장난감이 있다. 하나는 레고이고 또 다른 하나는 직소퍼즐이다. 조각이 더 작고 많을수록 성인용이 된다. 1,000 피스 정도 되는 직소퍼즐 조각들을 맞춤판 위에 쏟아 붓고 나면 어느 세월에 다 맞출 수 있을까 아득해진다. 레고블록에 들어있는 사용설명서의 경우 질서를 중시하는 독일에서는 먹혔는데, 자유로운 꿈과 자유분방한 사고를 하는 미국에서는 그렇지 않았다고 한다. 하라는 대로가 아닌 자기 마음대로 조립을 하더라는 것이다.

시작이 존재하는 일에는 기본적인 순서가 있다. 레고블록도 그러하다. 완성품의 멋진 인물이나 풍경을 먼저 보게 되고 그 인상을 심는 것이 출발점이다.

나음에는 직각이나 직선이 있는 테두리 퍼즐을 찾아서 맞춤을 시작한다. 코너 끝부분을 우선 맞추고 티가 나는 알록달록한 무늬를 찾아서 먼저 조립을 시작한다. 비슷한 색깔이나 무늬들끼리 분류하는 것도 작업과정 중의 하나다.

그 다음은 '고난의 대장정'을 거친다. 하기 쉽다고 생각되는 곳부터 시작하고 잘 안 되는 부분은 건너뛴다. 시작은 미약하나 그 끝은 창대하다. 단숨에 끝날 일이 아니라면 조각 하나 하나의 관리와 보존도 매우 중요하다. 완성된 그림에 조각 하나가 빠진 모습은 이빨 빠진 영구의 모습과도 같다. 잃어버린 조각이 가끔은 맞춤판 밑에서 발견되기도 하고, 옷소매 뒤에서 나타나기도 한다. 바다나 하늘처럼 한 종류의 색상이 지나치게 많은 그림은 대개 상급자용이다. 반대로 그림이 복잡하고 색상이 다양하게 쓰였다면 힌트를 얻기 쉬워진다.

인생과 퍼즐의 다른 점과 닮은 점

레고블록이나 직소퍼즐의 조립 순서를 무조건 따라야 할 필요는 없다. 업무라는 직소퍼즐에서 매일은 비슷해 보이지만 결국 잃어버리면 안 되는 소중한 편린이자 조각이다. 경제활동에 많은 시간과 노력을 할애하는 현대인의 생활 하루하루가 바로 직소퍼즐의 조각이다. 미래에 완성될 그림에 대한 겸허함으로 보듬어가며 퍼즐을 맞출 따름이다. 매일 매순간 이어지는 시간과 결과의 블록이 만들어지는 것이다.

중요한 것은 완성되었을 때의 멋진 그림을 품고 있어야 완성된다는 사실이다. 경영자는 기대되는 그림을 사전에 그려줄 필요가 있다. 완성된 그림이 없으면 완성될 레고블록도 직소퍼즐도 없기 때문이다.

인생과 퍼즐은 같은 듯 다르다. 내가 의도한 대로 모양이 완성될지는 그 조각을 미리 다 갖고 있지 않기 때문에 알 수 없다는 것이 차이점이라면 차이점이다. 영화의 결말을 미리 들으면 재미가 반감된다. 자신의 인생 결과를 미리 안다면 참 무미할 것이다. 반면 퍼즐과 닮은 점도 있다. 반복되는 조각도 있고, 색다른 모습이나 색상으로 만들어진 조각도 있다. 이러한 소중한 각각의 조각이 모여 의도한 모양을 완성해가는 것이다. 수시로 완성된 그림을 수정해 가면서 조각을 맞추면 된다.

 아하! 그렇구나

끝날 때까지 끝난 것이 아니다. (It ain't over till it's over.)

2,100만 개 암호 화폐와 신용 ─────────────●

현대사회를 신용사회라고 한다. 신용을 의미하는 크레딧 credit이라는 단어는 '믿음을 주다' 라는 라틴어 creditus에서 유래된 것이다. 약속을 얼마나 잘 지키느냐를 의미한다. 과거에 얼마나 빚을 잘 관리해왔고 앞으로도 그 능력이 유지될 것인지를 가지고 등급을 매기기도 한다. 약속을 하고 현재의 가치물건, 돈를 얻을 수 있는 능력이 곧 신용이다. 신용카드로 외상을 하고, 신용 대출을 받거나 현금 서비스를 받는다. 1에서 10에 이르는 개인의 신용등급에 따라 적용되는 금액 규모와 기간, 이자율도 차등 적용된다.

스마트폰만 들고 나가면 전철을 탈 수 있고 카페에서 커피를 마실 수 있는 세상이다. 생각해 보면 수도, 전기, 가스 등의 공과금도 신용으로 사용하고 후불로 낸다. 신용은 곧 재산을 의미하고, 돈을 얼마나 빌릴 수 있는가의 의미가 된다. 지갑에 두툼하게 들어있던 돈 대신에 현금 / 신용 / 체크 / 할인카드가 자리를 빼곡 차지하더니 그것조차도 하나둘씩 스마트폰 안으로 들어가고 있다. 이동전화가 곧 은행이 되어가고 있는 것이다.

빠르게 변화하고 있는 화폐시스템

이러한 카드보다 더 신개념의 화폐가 있다. 이것은 빚을 갚거나 세금을 낼 때 쓸 수 있는 법정 통화도 아니고 금이나 은 같은 실물화폐도 아니다. 중앙은행이 통제하지도 않는다. 물리적 화폐가 아니라 공개적인 장부 시스템이다.

수백만 부의 장부가 존재하니 짜고 칠 수는 없다. 세계 최초의 암호 화폐 비트코인Bitcoin : BTC 이야기다. 2014년 2월 해커들이 이 화폐의 거래소인 마운트곡스에서 5억 달러에 가까운 85만 개를 훔쳐갔다는 뉴스가 나오기도 했다.

최근 2년 동안 1BTC의 환율은 미화 200~600달러 사이를 오가고 있다. 뿌리를 이루는 블록체인Blockchain 기술이 인터넷상의 수많은 채굴자들과 비트코인 지갑 사용자들에게 퍼져 있다. 2140년까지 2,100만 개를 채굴하고 나면 비트코인은 고갈되고 유통과정만 남게 된다고 한다. 1 BTC가 1억 분의 1까지 분할될 수 있다고 하니 =1 satoshi 별 걱정은 안 해도 될 듯하다.

미래에는 달러, 유로, 엔, 파운드, 위안화에 디지털화폐 비트코인이 추가될 것이라고 하는데, 한편에서는 가치 추론이 힘든 일종의 사기이지 화폐가 아니라는 얘기도 한다.

은행 점포가 스마트폰으로 들어오고, '코드화된 돈'이 놀고 있는 차량과 집을 공유 _{우버 택시, 에어비앤비} 등하는 서비스의 대가로 지불된다. 디지털화폐에 적용된 인프라 기술은 앞으로 법률문서, 중개서비스 등에 광범위하고 다양하게 적용될 것이라고 한다. 인터넷과 모바일이 생활 깊숙이 들어오는 데 걸린 시간은 생각보다 짧았다. 화폐가 매개가 되는 금융시장, 신용사회, 회계처리, 나아가 법률업무에 이르는 영역 등에서 많은 변화가 곧 오게 될 것이다.

 아하! 그렇구나

'능력=신용=돈'의 등식은 방정식이면서 항등식이다.

5, 8, 13 … 피보나치 수열 ————————————●

　필자의 명함의 크기는 가로 8cm×세로 5cm이고 휴대폰은 15cm×8cm이다. 예전 TV의 표준 비율은 4 : 3, 와이드TV는 16 : 9이다. 사람들은 이 정도의 비율을 편안하게 느낀다. 편안하게 느낀다는 것은 '자연스럽다' 는 뜻이다.

　'레오나르도 피보나치' 의 수열은 0, 1, 1, 2, 3, 5, 8, 13, 21, 34… 로 이어지는 숫자의 행진이다. 앞자리 숫자 2개를 더해 뒤로 놓으면 되는 구조이다. 숫자가 커질수록 어떤 숫자의 제곱은 그 숫자 앞과 뒤의 숫자끼리 곱한 값$_{21^2=13\times34}$에 가까워진다. 지금 보는 숫자를 그 뒤의 숫자로 나누면 62%에 가깝고$_{=13\div21}$, 한 칸 더 뒤의 숫자로 나누면 38%$_{=13\div34}$에 가깝다. 앞에 있는 숫자로 뒤에 있는 숫자를 나누면 1.62에 가까워지고, 한 칸 더 뒤의 숫자를 적용하면 2.62에 가까워진다.

　토끼 암수가 두 달째부터 매달 새끼 한 쌍을 낳기 시작한다고 가정해 보자. 새끼 한 쌍이 다시 두 달 째부터 매달 한 쌍 씩을 낳기 시작하면 앞서 얘기한 수열과 같은 쌍이 만들어 진다. 첫 달과 두 번째 달은 한 쌍만 있지만 세 번째 달은 두 쌍이 생기고, 네 번째 달은 세 쌍, 그 다음은 다섯 쌍, 여덟 쌍이 있게 된다. 자연의 법칙에 대한 수열의 사례이다.

흔히 말하는 황금비율 혹은 황금분할이란 양 끝을 A, B로 하고 왼쪽이 길게 어느 지점을 C라 해서, [: 의 비율] = [: 의 비율]인 것을 말한다. C지점은 61.8%가 된다.

투자 심리와 균형과 안정감

명함, 휴대폰 등 흔히 보는 사물의 가로 세로 비율은 대부분 6:4이다. 6:4라는 안정감을 가급적 유지하려고 하는 것은 투자 심리에도 녹아 있다. 투자 자산이 투자시점의 가격 대비 38%, 62%, 162%, 262%가 되는 지점에서는 투자자들은 균형감과 안정감을 찾으려고 한다. 하지만 우리가 알고 있던 황금비율이 허구라는 이야기도 있다. 그러므로 이러한 숫자들도 철칙이라고 생각할 필요는 없다.

투자 성공의 비밀은 생활 곳곳에도 있다. 그것은 '자연스러움' 이다. 세상은 언제나 움직이고 있어서 균형점을 벗어나고 흔들린다. 하지만 자기 본래의 가치를 찾아 안정되고 균형을 이루려고 한다. 투자 자산이 바닥에서 상승하거나 고점에서 하락하고 있다면 처음의 가격과 지금 가격을 비교해 보자.

어떤 수준점에서 누군가는 더 사려고 하고, 누군가는 더 팔려고 하며 균형점을 찾는 노력을 하게 된다. 이러한 과정에서 공정가치fair value와 장기 평균가격moving average을 인식하고 가까워지려는 움직임을 보인다.

하늘로 던진 공은 어느 순간 정지되었다가 떨어진다. 솟구쳐 올라가다가 정지되어 있는 공을 보고 안정되었다고 하지는 않는다. 곧 떨어질 것이기 때문이다. 자연스러움과 안정성은 이런 원리로 이루어진다.

 아하! 그렇구나

투자의 기초는 순리를 이해하고 균형점을 찾는 것이다.

3가지 운동법칙　　뉴턴과 금융시장 ────────●

　자전거 바퀴에 표식을 붙이고 달려가면 ⌐⌐와 같은 곡선이 만들어진다. 이러한 곡선을 사이클로이드Cycloid : 바퀴라는 의미의 그리스어라고 한다. 위 아래로 떨어진 두 지점 사이놀이터의 미끄럼틀에서 어떤 경로를 따라 내려가는 것이 가장 빨리 내려갈까? 쉽게는 최단거리인 ＼ 직선 경로를 생각하지만 실제는 사이클로이드 곡선이 직선이나 다른 어떤 궤적보다 빠르다. 각 지점에서 중력 가속도가 줄어드는 정도가 직선보다 작기 때문이다.

　＊ 사이클로이드 곡선 : ⌐

　자연과학은 정지해 있거나 움직이고 있는 물체를 설명하거나 예측한다. 물리학의 한 분야인 고전 역학이 그렇다. 뉴턴의 운동법칙은 3가지인데 물체 사이에 작용하는 힘과 물체의 운동과의 관계를 연구하는 학문이다. 운동법칙의 첫째는 관성의 법칙으로, 가만히 있는 물체는 계속 가만히 있고, 일정한 속도로 움직이는 물체는 계속 그 속도로 움직인다.

둘째는 가속도의 법칙으로 물체에 더 큰 힘이 가해질수록 운동량의 변화는 더 커진다.

셋째는 작용과 반작용의 법칙으로 물체에 힘을 가하면 물체는 크기는 같고 방향은 반대인 힘을 동시에 가한다.

경제는 결국 심리다

금융투자에도 운동법칙과 사이클로이드를 적용해볼 수 있다. 다수의 참가자_{투자자}가 있는 시장에서 한 투자종목을 적용해 보자. 상당히 긴 기간을 옆걸음_{횡보}하다가 일단 위로든 아래로든 움직이기 시작하는 종목을 정하자.

이 종목은 관성, 가속도, 작용과 반작용이 작동된다. 거래량을 통해 투자자들은 투자자산에 힘을 가해서 움직이게 하는 것이다. 일정한 수준의 상승이나 하락을 이룬 자산은 반등 또는 반락과 횡보를 하게 된다. 여기에 적용되는 모든 기간과 수준이 바로 투자자가 판단할 몫이 된다.

모든 투자자가 특정 종목을 좋게 보고 매수를 시작했다고 하자. 발이 빠르건 늦건 투자자 모두가 해당 종목을 갖게 되면 더 이상 매수할 에너지는 없어진다. 그리고 새로 진입한 모든 보유자는 해당 종목에 긍정적인 신호와 언급을 하게 된다. '오를 것이다', '얼마까지 갈 것이다' 등등. 보유 종목에 대한 보유기간과 수준에 대한 판단이 바로 병법의 기본이다.

'경제는 심리다' 라는 말로 요약된다. 고속도로 램프를 빠져나가려는 차량은 제일 마지막 차선으로 이동한다. 때로는 우측이나 좌측 깜빡이를 켠다. 시장에서도 이러한 신호를 찾을 수 있다. 깜빡이 대신 거래량과 가격 또는 가치, 기간 또는 시점이라는 수치화된 자료와 차트를 통해 시장심리를 읽는다.

시장의 원리는 하나다. 사는 사람이 많으면 가격은 오르고 팔려는 사람이 많으면 떨어진다. 왜 사려고 하고 팔려고 하는가를 알아야 한다. 다양하게 드러난 수치와 가공된 숫자를 통해 판단을 하게 된다. 물론 좋다 나쁘다와 같은 단순한 감정이나 쏠림과 몰림 현상도 수치로 표현되고 해석이 가능하여야 한다.

 아하! 그렇구나

시장은 사람을 가리지 않는다. 단지 돈을 가릴 따름이다.

500배의 버블 대박과 쪽박 ——————————————●

투자자들은 투자자산에 눈독을 들일 때 사랑하는 애인이 도망갈까 봐 노심초사하는 것 같은 마음이 된다. 보유하고 있을 때는 오히려 모든 현상을 낙관적으로 해석한다.

시장을 표현하는 말에는 웩 더 독, 밴드웨건 효과, 허드 비헤이비어, 민스키 모멘텀, 블랙스완 같은 비이성적 상황과 불안정성을 얘기하는 단어가 많다. 탐욕greed과 공포fear가 작동하기 때문이다. 먼저 거래하고 움직이는 사람들이 시장 움직임을 촉발해낸다. 어떤 참가자는 소외되지 않기 위해서 매매하기도 한다.

500배 이상의 가격 변동 폭을 보인 옵션이 있다. 2001년 9.11 테러 때 풋 옵션팔 권리를 가진 증권을 매수한 사람이 하룻밤 새 504배의 대박을 이룬 기록이 있다. 당시 행사가격이 62.5인 풋옵션의 전일 종가는 0.01포인트1,000원였다. 테러 후 열린 시장에서 한때 5.4554만5,000원포인트까지 올랐다가 5.05포인트50만5,000원로 마감되었다. 이 옵션이 만기일에는 오히려 쪽박을 차는 일도 생겼다. 풋옵션 매매의 기준이 되는 코스피 200 선물지수가 다시 올라 대규모 풋옵션 매수에 몰렸던 개인투자자들이 큰 손실을 본 것이다. 이런 상상초월의 변동 폭이 3년 주기로 목격되다 보니 우연 아닌 우연에 괜한 기대감을 갖게도 된다.

타깃을 맞추려면 타깃과 같이 움직여라

역사상 기록된 사실상 최초의 거품경제 중에 '튤립 파동' 이 있다. 투기로 생긴 이 버블은 남해사건잉글랜드, 미시시피 계획프랑스과 함께 근대 유럽의 3대 버블로 거론된다. 본질적인 가치와 관계없이 가격이 만들어졌던 것이다. 1634년 1.2길더 하던 네덜란드의 튤립 한 송이가 2년이 지났을 때 50배인 60길더까지 상승했다. 그리고 1년도 채 안 되어 99.8% 하락하여 0.10길더까지 폭락했다. 어찌되었든 이것도 시장이다.

투자자산을 취득하는 순간 매수자는 그 자산의 포로가 된다. 500배는 아니더라도 '대박' 의 꿈을 키운다. 큰 변동성을 보이는 경우 더 몰입해서 오버한다. 대박과 쪽박을 오가는 버블거품은 어느 시대, 어느 시장에나 있다.

투자자는 냉정과 열정 사이에 있어야 한다. 특정 자산 가격이

저항과 지지라는 공간을 오가고 그 공간을 넘어서면서 역할이 반대로 바뀌기도 한다. 원가를 얘기하지만 가격이 급변할 때 시장은 수급이라는 시장 원리로 원가를 외면하고 무시한다.

'주식과 결혼하지 말라'는 말이 있다. 부부는 무촌이라 가장 가깝지만 헤어지면 같은 이유로 완전한 남이 되는 것처럼 투자 자산은 언제라도 남이 될 수 있다는 생각으로 살펴야 한다. 무빙 타깃을 맞추려면 타깃과 같은 운동량과 방향으로 이동하며 사격해야 한다. 눈앞에서 앞뒤로 움직이는 타깃이 훨씬 잡기 쉽기 때문이다.

 아하! 그렇구나
내 것 같은 투자 자산도 언제든 남남이 될 수 있다.

24K 　난세의 영웅 ─────────────────●

　누구한테 배운 적이 없지만 받으면 대개 얼굴이 밝아지고 그 광채에 매료된다. 세상이 어지러울 때 사람들이 제일 먼저 연상하는 자산이기도 하다. 바로 금이다.

　기원전부터 사람들은 이것을 귀하게 생각했다. 화폐제도에서도 제일 먼저 실체를 드러냈다. G great가 붙은 국가에서 시행되었던 금본위제도도 역사에 비추어 보면 아주 오래 전은 아니다. 앞으로 언제 또 그렇게 다시 돌아갈지도 모를 일이다.

　요즘이야 99.99%와 같이 표현하지만 얼마 전까지도 금의 순도는 캐럿 Karat으로 표현했다. 24K, 18K, 14K에서 K는 중동지역에서 나는 식물의 한 종류인 '캐럽'에서 유래했다고 한다. 말린 캐럽을 어른이 한 손에 쥐면 24개였고, 이것이 99.9%인 24K가 되었다. 18K의 순도는 18/24이다. 산소에 노출되면 녹이 스는 대다수 금속과 달리 원자의 외부에 전자들이 모두 채워져 있는 순금은 녹슬지 않는다. 연성이나 전성이 가장 강한 금은 1g으로 3,000m 이상 가늘게 늘릴 수 있고, 넓고 얇은 금박의 형태로는 1㎡ 이상으로 펼 수 있다고 한다. 금의 온스는 '트로이 온스troy ounce'이다. 오류가 잦은 무게 단위인데, 28.3495g이 아닌 31.1034g이 적용된다. 미터법의 그램을 적용하면 금 1온스는 8.29돈이다.

예전 기준이긴 하지만 금 1돈이 얼마쯤인지 국제시세와 환율로 계산해볼 수 있다. 1온스에 1,200불, 1달러에 1,100원이라고 가정하고 8.29돈으로 나누면 약 16만 원 정도 된다. 앞으로 금값 변동이 있거나 환율의 등락이 심하면 이렇게 얼추 추산해볼 수 있을 것이다.

투자자산으로서 금의 가치는?

투자자산으로서 금은 안전자산으로 분류된다. 이자가 붙는 자산이 아님에도 말이다. 미국 국채, 달러와 같은 반열에 있다. 가끔은 엔화나 마르크화, 파운드화 그리고 그 나라의 국채도 안전자산이라고 판단한다. 안전자산인 금이 가지는 독특한 영역은 해당국의 인플레이션에 대해 저항력이 있다는 것이다. 국채나 달러는 종이와 잉크만 있으면 일단 발행이 가능하다. '기축통화라서 행복해요' 하며 시뇨리지 효과를 누리는 것이다. 그래도 난세의 영웅은 '금 '이다.

금과 관련된 투자 영역은 다양하다. 금광을 탐사하는 회사가 될 수도 있고, 채굴하는 회사가 될 수도 있다. 유통시키는 회사도 있고, 세공해서 보석으로 파는 회사도 있다. 이러한 회사에서 발행한 주식이나 채권도 투자대상이 되고, 이들 주식을 기초자산으로 한 펀드도 있다. 금과 관련한 선물이나 파생상품도 존재한다.

보석점에서 광채를 발하는 예쁜 금은 화폐가 아니라 예술품으로서도 보기 좋다. 외환위기 때 우리나라 사람들은 금 모으기 운동에 기꺼이 참여했었다. 금만큼 빛나는 풍경이었다.

 아하! 그렇구나
─────────────────────────────
세 가지 소중한 금을 남편은 황금/소금/지금이라 했고, 아내는 지금/현금/ 입금이라 했다.

31개월 　비즈니스 사이클 ─────────●

　세상은 돌고 돈다. 하나의 일은 다른 일에 영향을 주고, 돌고 돌아 다시 원래의 일에 영향을 준다. 경기 순환도 마찬가지다. 경기의 경景은 경제를 의미하는 경經이 아니다. 세상을 넓게 내려다보며 경제의 기운을 느끼는 것이다. 이코노믹 사이클이나 비즈니스 사이클이라고 해도 말은 다 통한다. 사이클은 일정하게 고점과 저점을 오가며 주기를 만들어낸다.

　나란히 매달린 쇠구슬의 한쪽 끝을 들었다 놓으면 맞은편 끝의 쇠구슬이 튀어 오른다. 이런 밸런스 볼은 소리 없이 자기가 받은 힘을 반대편으로 전달한다. 되돌아온 구슬은 역시 맞은편을 움직이게 한다. 가운데의 쇠구슬이 움직임이 없다고 해서 멈추어 있는 것이 아닌 것이다. 정부 정책이 입안되어 시행되고 가시적 효과를 내기까지는 이런 돌고 도는 관계가 작동한다. 그 인내와 실천의 시간이 주기가 된다.

고점, 저점, 주기를 이해한다면 지금이 어떤 국면인지를 이해할 수 있다. 언제쯤 반환점을 돌아 전환될 지도 예측할 수 있다. 현재 국면의 속도감과 진폭의 측정도 가능해진다. 나라마다 혹은 권역별, 지역별로 순환주기는 서로 영향을 주고받지만 다를 수밖에 없다. 인구구조나 문화, 경제와 산업구조가 다르기 때문이다. 자원부국인 중동지역 국가, 소규모 개방형 경제를 이루는 우리나라, 북한과 같이 고립 폐쇄된 나라, 자급자족을 이룬 나라 등이 다 스스로의 여건이 있다.

멈춰있다고 멈춘 것이 아니다

경기종합지수CI : Composite Index는 선행지수leading, 동행지수coincident, 후행지수lagging로 구분된다. 반 년 정도 뒤에는 지금보다 어떻게 될까 하며 들여다보는 선행지수나, 피부에 와 닿는 경제에 대한 동행지수는 심리지표와 연계해서도 파악한다. 뒤늦게 '그때 그랬군' 하며 확인하는 후행지수도 의미가 있다. 각 지수별로 자기 역할을 잘하는 최적의 세부지표가 정해져 있다.

이 지수들은 일정하게 상승하는 수치를 보여주는 경향이 있기 때문에 계절, 불규칙 및 추세 변동요인이 제거된 순환변동치추세치=100와 그 전월차를 추출한다. 이것들의 평균과 표준편차를 표준화된 시계열로 변환하면 고점과 저점을 오가는 순환 차트가 되는데 이것을 우리는 신문과 방송을 통해서 접하게 된다. 백문이 불여일견이다. 전월 대비 움직임을 사분면에 표현한 경기순환시계는 경기의 흐름을 상당히 의미 있게 보여준다.

통계청에서는 1972년 3월을 제1순환기의 시작점으로 하고 있다. 지난 2016년 6월 말에 통계청은 경제환경 변화와 따로 논다는 비난을 받았던 경기종합지수를 9차로 개편하였다. 그러면서 11순환기의 저점을 2013년 3월로 잠정 설정하였다. OECD 등의 자료를 인용하면, 2014년 3월 정점에 이어서, 2015년 4월이 다시 저점으로 인식되고 있다. 저점과 저점을 연결한 기간이 순환주기로 놓이게 된다.

제12순환기에 들어가 있는 우리나라의 평균 확장 국면 기간은 31개월이고 수축국면은 18개월로 나온다. 합하여 49개월, 약 4년의 기간이다. 경기와 보조를 같이하는 인덱스 펀드가 있다면 4년의 기간을 염두에 두고 적립식 펀드에 가입할 일이다.

 아하! 그렇구나
주기를 알면 떼돈을 벌 수 있고, 주기를 타면 실패 없는 투자를 할 수 있다.

1.5kg 닭 　상품의 주기 ─────────────────●

2002년 한·일월드컵 때 우리나라는 연일 붉은 물결을 이루었다. 마음을 하나로 묶어 주었듯이 우리의 입을 하나로 묶어 준 것은 치맥치킨과 맥주이었다. 드라마 '별에서 온 그대'에서의 대사 하나로 중국도 치맥 열풍이 불었다고 한다. 12간지 중의 열 번째인 닭은 그렇게 우리에게는 친숙한 존재이다.

치킨이 내 입에 도달하기까지 걸리는 시간은 얼마나 될까? 알에서 깬 병아리는 35일 정도 자라면 1.5kg에 달해서 출하가 가능해진다. 돼지는 160~170일 지나면 110kg이 되고, 소는 20개월 정도 지나면 700kg 정도에 이르게 된다. 순환과 주기를 갖는 경제를 좀 더 세밀하게 분해해 보면 산업별, 상품별로 생애주기가 존재한다. 달도 차면 기운다고 했다. 풍요롭게 되면 가격은 떨어지고, 수입이 적어지니 생산을 적게 한다. 희소해진 생산물은 가격이 다시 오르게 된다. 이러한 과정이 돌고 돌아 사이클이 된다.

생애주기를 유심히 살펴라

관심을 갖는 투자자산이 있다면 그 생애주기를 유심히 볼 일이다. 반도체 집적회로에도 한때 무어의 법칙Moore's law이나 황의 법칙을 얘기했었다. 정기적으로 성능이 두 배씩 늘거나 가격이 절반으로 줄어든다는 경험칙이다. 컴퓨터나 디스플레이 장치의 발전과정을 보아도 그렇다. 끊임없는 혁신으로 산업 사이클이 자연스럽게 발전 순환되고 신제품의 생산 초기 단계에서부터 중단되는 각 단계를 목격하게 된다.

금융상품은 무형의 자산이고 가축이나 제품은 유형의 자산이다. 어느 자산에 투자하건 그 자산의 기초를 이루는 것에 대해 들여다볼 필요가 있다. 주가지수 인덱스 펀드라 하면 그 안에 들어있는 구성을 봐야 하고 이들의 순환주기를 생각해야 한다는 뜻이다. 축산업도 산업이다. 자본과 투자가 이루어지고 투자 손익이 이루어지는 엄연한 산업이고 시장이다. 같은 산업 안에 있어도 닭과 돼지, 소는 '꿩 대신 닭'이 될 수 있다. 투자자의 관점에서는 이들의 생산기간과 가격, 대체품으로서의 경쟁관계 등을 모두 의사결정의 요소로 보아야 한다.

 아하! 그렇구나

투자자는 테마를 따라 몰림과 쏠림 현상을 반복한다.

78

7±2 　포트폴리오의 적정 개수 ———————•

　사람의 기억처리 능력에 대해 밀러George A. Miller 프린스턴대 인지심리학 교수는 7±2라는 숫자를 거론했다. '매직 넘버'로 소개되는 숫자이다. 사람마다 집중도나 기억 정도가 다르지만 단기기억의 한계는 대략 이 정도라고 한다. 인터넷이 일상화된 스마트 시절이 되면서 노래가사와 전화번호는 더 이상 외우지 않게 되었지만 말이다.

　금융투자와 관련한 말 중 '유니버스universe'란 투자가능자산군이다. 투자로 시작한 단어는 분산투자, 자산배분과 포트폴리오라는 말 앞에서 일단 멈춤 신호를 받는다. 탐욕과 공포 사이를 오가는 투자자는 투자 가능한 대상에 대해 면밀하게 위험risk과 수익return 혹은 reward을 재게 된다. 이왕이면 더 높은 수익률, 이왕이면 더 낮은 위험에 노출되기를 바라는 것이다. 그래서 높은 위험을 감내한다는 것은 높은 수익률을 기대한다는 뜻이다.

포트폴리오portfolio는 말 그대로는 서류가 들어있는 서류철이자 서류가방, 즉 자산의 묶음이다. 쏠림의 위험을 저감시켜주긴 하지만 무작정 많아질 가능성이 높아진다. 투자자산은 가격이 움직이는 것도 위험이고, 그것이 시장에서 사라지거나 거래가 되지 않는 것도 위험이다. 서로 반대로 움직이거나 그 개수가 많아질수록 개별 자산들이 갖고 있는 위험은 낮아진다.

실증 연구된 한 사례에서는 1개일 때의 변동성 50 수준이 4개일 때는 29, 8개일 때는 25, 그 이후에는 아주 완만하게 낮아져서 1,000개 수준에서는 20선 주위를 유지하는 것으로 나타났다.

자산은 스토리를 가지고 있다

금융투자의 관점에서 일반투자자의 포트폴리오 섹터는 몇 개 정도가 적당할 것인가?

국내주식 ① 대형 성장 ② 중소형 가치, 국내채권 ③ 장기 공사채, 해외주식 ④ 선진국 성장섹터 ⑤ 신흥국 인덱스, 해외채권 ⑥ 선진국 하이일드, 대체투자 ⑦ 안전자산-금 ⑧ 원자재-원유,곡물 정도면 구분이 가능할 것 같다. 커버리지가 넓고 글로벌적인 접근이 가능하다. 투자 경험상 이들 간의 상관관계도 유효성이 높다. 달러가치를 나타내는 달러인덱스를 와일드카드로 활용하는 것도 훌륭한 포트폴리오 구성에 도움이 된다.

우리는 수많은 콘텐츠와 같이 생활한다. 그 중 하나가 투자 포트폴리오이다. 각각의 자산은 다 자신만의 스토리를 가지고 있다. 콘텐츠는 재미있고, 유익하며 의미가 있어야 한다. 그리고 그렇게 될 수 있도록 사색하고, 창의력을 동원하고, 맥락을 잡는 것이 스스로의 중요한 과제가 된다. 한 마디로 늘 머릿속에 상주하고 있어야 가능한 것이다.

스프링의 탄성은 어느 단계를 지나면 늘어져서 더 이상 원상태로 돌아가지 않는다. 사람도 능력 이상의 정보량이 되면 기억하기를 포기한다. 투자종목을 기억하지 못하는데 정보의 맥락이 어떻게 만들어지고 이어 나갈 수 있을 것인가?

포트폴리오 개수는 숫자에 불과하지만 그 속에는 투자 종목의 절제가 담겨있다.

 아하! 그렇구나

포트폴리오 설계는 4~8개까지 기억에 상주시킬 수 있어야 한다.

<u>25.7평</u> 국민주택과 부동산투자 ————•

초고령 사회인 일본은 65세 이상 노인비율이 전체 인구의
26.7%로 3,342만 명이다 2016 총무성. 일본 전체 6,000만 가구 중 빈
집이 820만 가구나 된다고 한다. 고령화로 인구는 줄고 빈집은
늘어나 심각한 사회문제가 되고 있다. 빈집은 도시미관을 해치
는 데다 화재, 범죄의 온상이 되는 등 여러 가지 사회문제를 일
으키기 때문이다.

우리나라로 시각을 돌려보니 "3.3㎡당 5,000만 원… 강남 분양
가 신기록"이라는 기사 제목이 보인다. 이어 '투기세력 몰리며
과열양상… 정부, 떴다방 등 집중 단속'이 뒤를 잇는다.

정도의 차이는 있겠지만 노숙자가 아닌 이상 집에 대한 욕심
과 스트레스는 다들 겪는다. 우리나라 평균 가구원수는 1975년
을 기준으로 5.2인이었고 이에 따라 1인당 주거면적을 5평으로
보았다. 25평은 82.645평방미터, 다시 평으로 환산하면

25.712384평, 이것을 소수점 한 자리까지 반올림하여 만들어진 것이 국민주택 25.7평이다. 요상한 셈법으로 탄생한 국민주택 규모가 수십 년 동안 서민의 애환과 재산에 적용되었다. 이 부동산이 불패의 신화를 만들어 왔다.

부동산 불패의 착각에 빠졌던 이유는?

부동산 불패의 착각에 빠졌던 시절에 대해 다음과 같이 분석한 내용이 있다. 우선 억대 단위로 거래하면서 생기는 거액 레버리지 효과다. 분양 - 청약 - 실계약 - 입주의 기간 동안 딱지거래를 하는 이동식 중개업소, 속칭 '떳다방'이 횡행하는 이유이다. 이만한 투자 투기상품이 없다는 것이다.

두 번째, 물가상승에 따른 화폐 착각이 이루어진다. 인플레이션이 두 자릿수에 근접하던 시절에는 이러한 부분이 부동산에 반영되면 수치상 명목상 실제 이익이 난 것 같은 착시가 생겼다.

세 번째, 지속되는 인구 증가 때문에 부동산이 계속 필요하다는 식으로 생각의 토끼몰이를 해왔다.

네 번째, 부동산도 다양한 형태를 취하는데 그 중 어쩔 도리가 없는 토지는 공급의 제한성이 수급의 비탄력성으로 인식되었고 그대로 가격에 옮겨졌다.

다섯째, 금융 파생상품은 제로섬이라는 현실에서 원금 이상의 손실을 볼 수 있다. 그나마 주식은 현물이라 플러스섬plus-sum이 되고 최저가격은 '0' 원에서 멈출 수 있다.

반면 실물투자 대상이라는 부동산은 집이나 땅은 '남는다'는 막연한 안도감을 준다. 마지막으로, 정책당국자들이 이해당사자라는 현실에 기반한다. 한때 부동산 정책 입안 담당자들의 주소지가 공개되는 해프닝까지 벌일 정도였다. 이들이 스스로 자신에게 자해를 하듯이 정책을 만들지 못할 것이라는 '인간적 신뢰'를 보내는 것이었다.

부동산, 특히 아파트에 대해 사람들이 질문하면 필자는 "일본을 보십시오." 그리고 "인구 통계를 보십시오."라고 대답한다. 일본과 우리는 다르다고 주장하지만 금융투자에서 흔히 하는 착각의 표현이 바로 "이번 경우는 다르다"이다. 결국 이 틀을 벗어나지 못하는데도 말이다. 손바닥 뒤집듯이 바꿀 수 없는 것이 인구의 흐름이다. 불과 얼마 전만 해도 우리는 산아제한 표어에 귀를 열고 있어야 했지만 지금은 '낳기만 하면 다 책임져준다'는 감언으로 출산율 제고에 열을 올리고 있지 않은가.

 아하! 그렇구나

실물자산은 필연적으로 시차와 갭이 발생하고 탄력적으로 메워지지 않는다.

4가지 퍼즐 경제정책 ————————————●

정권이 안정적으로 유지되기 위해서는 '입'이 자유로워야 한다. 먹는 문제가 해결되어야 하고, 말하고 싶은 것을 쏟아낼 수 있어야 한다. 정치는 경제로, 경제는 심리로 표현된다. 심리는 경기를 타고 흐르는 국민의 마음이고 시각이다. UN 산하 자문기구에서 발표2016한 우리나라의 세계행복지수 순위는 전년에 비해 11위 떨어진 58위라고 한다. 국경 없는 기자회는 한국의 언론자유지수가 역대 최하위인 70위2015. 6로 떨어졌다고 지적했다.

경제는 지속적으로 성장해야 한다. 그래야 은퇴하는 이들을 보살피고, 새로 유입되는 젊은 피들의 취업자리가 마련된다. 경제성장은 인프라 투자가 이루어짐을 의미한다. 투자는 고용이 필요하다. 고용이 되어야 소득이 발생하고 그래야 소비가 따르게 된다. 소득이 없어 빚을 내어 소비를 하기 시작되면 위험한 것이다. 여기서 중요한 또 하나의 요소가 물가안정이다. 소득으로 받은 지폐가 화장실 휴지로도 쓸 수 없는 지폐라면 무슨 의미가 있겠는가. 이러한 구성들이 프레임워크이다. 경제 프레임워크는 국가 간 역학관계 혹은 지정학적 문제가 따른다. 인종, 종교, 역사를 따라 반목과 협조를 오가는 것이다. 국제수지는 무턱대고 흑자가 좋은 것이 아니라 외부 정세에 흔들리지 않는 안정된 균형이 의미가 더 크다.

정권 유지와 경제, 그리고 4가지 퍼즐

요컨대 지속성장, 완전고용, 물가안정, 국제수지, 4가지의 균형을 통해 정권이 유지된다. 통화정책은 중앙은행을 통해 금리를 올리고 낮춤으로써 경기부양이나 과열을 진정시키고, 통화량을 조절해서 이를 지원하고 물가가 안정되도록 한다. 재정을 담당하는 행정부처는 세제를 조율해서 부의 재분배와 균형을 도모하고, 재정지출을 통해 일반 기업이 엄두를 내지 않는 산업을 키우고 인프라를 구축한다. 통화정책이나 재정정책 등의 경제정책은 경제라는 퍼즐에 작동한다. 그리고 움직이는 타깃을 향해 끊임없이 앞에서는 나발을 불고 뒤에서는 북을 친다. 퍼즐을 풀 수 없게 만드는 이유도 다양하다. 많은 이들이 정보의 비대칭성, 언론, 부패와 사기, 경제지표와 통계 등이 작동해서라고 얘기한다.

정보의 비대칭성은 시장에서 역선택이 일어나게 하고 도덕적 해이를 촉발한다. 언론의 문제는 사뭇 예민하다. 해수욕장에 상어가 나타났다는 기사 한 줄이 해수욕장의 한 해 살림을 거덜 내고 그룹 회장의 사망 오보로 증권시장이 출렁이기도 한다. 부패와 사기도 문제다. '부정 청탁 및 금품 등 수수의 금지에 관한 법률' 이른바 '김영란 법'을 시행할 정도로 우리나라의 부패지수는 높다. 경제지표와 통계도 장애물이다.

통계는 일찌감치 세상의 3가지 거짓말 '거짓말, 새빨간 거짓말, 그리고 통계'라는 타이틀로 자기 자리를 지킨다. 통계 수치는 관련된 주체와 의도, 시기와 대상, 해석하는 사람에 따라 자유자재로 바뀐다. 경제지표는 시장지표를 통해 감지하는 게 속 편하다. 그나마 인터넷이 발달하고 조사기법이 첨단으로 바뀌면서 시장과 같이 호흡하려고 하는 게 느껴진다.

경제정책 달성이 어려운 이유들은 역설적으로 자산관리와 투자의 기회를 제공하는 장치로 작동한다. 시장의 역동성을 내세우며 4가지의 퍼즐 위에서 줄타기를 하는 것이다.

 아하! 그렇구나

먹는 입과 말하는 입이 자유로워야 정권이 유지된다.

<u>70%</u>　내 집 마련 LTV ————————————●

　생애주기에서 집은 큰 비중을 차지한다. 통계청이 금융감독원, 한국은행과 공동으로 전국 2만여 가구를 대상으로 조사한 가계금융·복지조사 보고서2015년에 따르면 "전체 자산 중 부동산 비중 68.2%" 등 자산 구성과 운용에서 부동산과 주택이 핵심이 되고 있다. 국토해양부의 주거실태조사 결과에 따르면 서울 시민의 연소득 대비 주택가격인 'PIRPrice to Income Ratio' 지수는 2008년 10 대를 돌파했는데, 이는 근로자 평균 연봉으로 따져봤을 때 약 10년 간 돈을 한 푼도 쓰지 않고 모아야 내 집 마련이 가능하다는 뜻이다. 세계 주요 도시 뉴욕7.0, 도쿄5.8, 런던6.9과 비교했을 때 아주 높은 수준이다.

주택구입, 주택가격, 가계부채와 관련한 용어들

- 담보인정비율(LTV : Loan to Value) : 담보물주택, 차량의 가격에 대하여 부채의 총량을 결정하는 방식. 은행·비은행권·보험권 등 금융업권에 상관없이 전 지역에서 대출 시 70%를 적용하도록 했다.

- 총부채상환비율(DTI : Debt to Income) : (총대출 금액+총대출 이자)를 (대출자의 소득×대여 연수)로 나누어 계산. 2015년 8월부터 전 금융권에서 60%로 맞춰졌다.

- 원리금상환비율(DSR : Household Debt Service Ratio) : 1년 동안 가계가 임의로 처분할 수 있는 소득에 비춰 빚에 대한 원금과 이자를 얼마나 갚고 있는지를 보여주는 지표. 비율이 높을수록 소득의 상당 부분을 원리금 상환에 쓰는 것이어서 부채 상환 압박이 크며 민간소비가 제약된다. 통상 이 비율이 40%를 넘으면 상환 부담이 매우 높아 가계부채 고위험군으로 볼 수 있다. 이런 가구의 비율이 2015년에 22.7%243만 가구에 달했다.

- 주택구입능력지수(HAI : Housing Affordability Index) : '평균가구소득/상환요구소득×100' 기준치 100으로 산출. 주택담보대출로 아파트를 샀을 경우 월 소득으로 원리금을 상환할 수 있는 능력을 나타낸 것으로 100을 기준으로 숫자가 적을수록 원리금 상환이 어렵다는 것을 뜻한다. PIR과 함께 집값 변동에 소득 수준, 대출 한도액 변수를 반영, 주택가격의 적정성을 따지는 지표로 널리 사용된다.

부동산에 대해 '무리해서라도, 전세 끼어서라도, 빚을 내서라도 일단…' 하는 분위기가 오랜기간 지배하여 왔다. 주택구입시에는 자기자금이 60% 이상을 차지하는 지 살펴볼 일이다.

즉 대출 비중이 주택가격의 40%를 넘지 않는 것이 바람직하다. 또 이 대출로 인한 이자 등 금융비용이 월소득의 30%를 넘어서지 않게 보수적으로 접근하기를 권하고 있다. 원리금 상환 비율 DSR로 40%를 같이 기억하면 된다.

최근 정부가 연령별·자산수준별 맞춤형 상품으로 선보인 '내 집 연금 3종 세트' 는 주택연금에 기반한다. 주택연금은 집을 소유하고 있지만 소득이 부족한 노인들이 안정적인 수입을 얻을 수 있도록 집을 담보로 맡기고 자기 집에 살면서 매달 국가로부터 연금을 받는 제도이다. 2016년 11월 현재의 가입 요건은 주택 소유자 또는 배우자가 만60세 이상, 1주택 원칙에 9억 원 이하 주택이다. 제대로 된 노후대책은 '평생 현역' 이다. 평생 현역에 대한 피로감과 중압감에서 벗어나려고 할 때 주택도 나름 역할을 한다.

 아하! 그렇구나

에어비앤비와 우버의 공유경제는 집과 차에 대한 생각을 바꾸고 있다.

8 행복한 팔자

생년월일인 주민등록번호 앞자리 6개에 구체적인 시時를 붙이면, 집으로 비유한 사람의 네 기둥 사주四柱가 된다. 갑을병 정무기경신임계의 10천간天干과 자축인묘진사오미신유술해의 12지지地支로 짝을 지어 우주 비밀 같은 바코드 60갑자의 간지가 되고, 연월일시 네 개에 각각의 60갑자를 붙이면 팔자八字가 만들어진다.

이렇게 따지면 나와 팔자가 같은 사람의 숫자가 꽤 될 것이다. 이들과 나는 같은 삶을 살고 있을까? 자신의 삶에 만족할까?

흔히 '아이고 내 팔자야' 라는 하소연을 하지만 모든 사람은 자신의 팔자대로 산다. '잘 살아보세' 의 주인공은 결국 자신이며, 잘 산다는 것은 하드웨어적인 구성을 갖추고 소프트웨어적인 삶에도 만족한다는 뜻일 것이다.

'팔자'는 생각 나름이다

행복의 반대인 불행은 결핍 자체보다 '남보다' 부족하다고 느끼는 상대적 결핍감에서 온다. 생리적인 허기짐에서 오는 배고픔과 다른 이의 상대적 부유함에 배 아파하는 것은 전혀 다른 것이다. 산해진미 성찬을 매일 먹는다고 금똥을 싸는 것도 아니고, 명품 시계를 차고 있다고 해서 시간을 되돌릴 수 있는 것도 아니다.

과유불급은 물질보다는 사고의 문제이다. 행복은 부족한 듯 할 때 적당히 만족할 줄 아는 마음을 갖추면 가능하다. 가만히 있어도 우리는 공기를 필요로 하고, 물을 필요로 하고, 휴식을 필요로 하며 끝없이 섭취한다. 이런 것들은 어디 쌓아놓고 필요할 때 꺼내 쓸 수 있는 것도 아니다.

풍요롭지 못한 사람들이 누리는 일상의 행복을 낮추어 평가하는 시각도 있다. 그럼에도 보아주고, 공감해 주고, 나누어줄 수 있는 사람이 없는 풍요는 그 기쁨을 반감시킨다. 주위 사람들의 팔자와 잘 섞여 살아야 팔자가 펴고 팔자가 고쳐진다. 내 팔자만 붙들고 한탄하고 있어 봐야 큰 도움이 안 된다.

 아하! 그렇구나

주민등록번호를 바꾼다고 해서 팔자가 바뀔까?

2050 배분과 분배 ──────────────

배분配分, allocation과 분배分配, distribution의 차이는 무엇일까? '배분'이란 단어에서 나눈다는 의미의 배配자를 풀어보면 '酉술 유+己妃'이다. 酉유는 酒주의 약자고 己는 妃비의 약자이다. 주색처럼 '짝'이 되었다가 다시 나뉜다. '분배'는 큰 덩어리에서 조각이 나오는 것이다. 나눌 분分은 칼刀로 쪼개八서 '나누는' 것이다. 동질성이 있는 것, 예를 들어 케이크나 밥은 분배해서 먹게 된다.

투자에서 자금을 목적이나 비율 등에 따라 분배한다는 것은 발생할 수 있는 위험을 낮추고 기대한 수익률을 올리기 위해서다. 100의 투자원본을 배분해야 할 시점에서 고려해야 될 것은 일반적으로 3가지이다. 투자자의 성향, 투자 기간 그리고 투자목적이다. 조금 넓혀 생각해 본다면 투자 금액을 포함시킬 수 있다. 한 달 용돈을 재미삼아 투자한 것과, 전세금을 빼서 잔금 치르는 날까지 투자한 것은 매매 의사결정에 대한 민감도가 다를 수밖에 없다. 금액이 커지면 좀 더 예민해 지기 마련이다.

투자자산의 배분 방식은?

투자자산의 배분과 관련해서는 투자자의 생애주기에 맞추어 나이가 수치로 파악되기 때문에 이를 이용하는 경향이 있다. 먼저 100에서 나이를 빼는 방식이다. 그 비중만큼을 위험자산에 배분하여 투자하는 것이다.

두 번째는 20세 때는 50%, 50세 때는 20%를 위험자산에 투자하는 셈법이다.

세 번째는 투자가능연수에 10%를 곱하는 방식인데, 투자 가능 연수라는 것이 시장 따라 시황 따라 변하는 것이라 마음만 그렇다는 정도로 이해하면 될 듯하다.

네 번째 방식은 60세를 기준으로 60에서 현재 나이를 빼서 나온 비중으로 전략적 투자를 구사한다. 환갑이 지나신 분들 입장에서는 정신 사나운 전략투자 보다는 보수적인 투자를 권한다는 뜻으로 받아들이면 그만이다.

배분할 필요 없이 하나의 종목에 투자한다면 어느 정도의 비중을 두어야 하는 것일까? 이것 또한 정답이 없다. 해당 종목의 정보에 대한 확신 정도를 70%라고 하면 여기에 2배를 하고 다시

100을 빼는 산식을 가끔 소개하지만 확신 정도가 수치화 될 수 없기 때문에 도박에서 한 큐를 위해 배팅금액을 조절하는 방식 등을 차용한다. 켈리의 법칙Kelly criterion 또는 ratio은 동일한 금액으로 배팅을 지속한다고 했을 때, 장기적으로 망하지 않고 살기 위한 원금 투자 비중을 결정한다. 풀어보면 '성공률-실패율/성공시 보상액/실패시 손실액' 이다. 승률과 함께 성공시와 실패시의 손익 비율이 키포인트다.

'선택과 집중' 은 언제 어디서나 정답이다. 배분된 자금으로 고심해서 좋은 펀드를 싸게 사는 것이 원론임에도, 마구 사다보니 스스로 슈퍼마켓을 차리게 되는 결과도 나온다. '생각대로 살지 않으면 사는 대로 생각하게 된다' 라는 유명한 구절에서 '사는 대로' 를 live가 아닌 buy로 대입해 봐도 될 것이다.

 아하! 그렇구나

개별 종목의 정보에 집중하지 않는 것 또한 투자자로서는 직무유기나 다름없다.

2-20 헤지펀드 시대 ————————————•

헤지펀드는 위험을 회피하는 투자자산 형태로 포트폴리오를 운용한다. ISA개인종합자산관리계좌 일임투자형 모델포트폴리오, 증권사의 자문형 랩 어카운트, 최근의 로보 어드바이저 등도 광의의 관점에서는 헤지펀드이다. 통상적으로 운용자산AUM : Asset Under Management의 2%와 운용수익의 20%를 성과보수로 받는다. 흔히 얘기하는 알파α와 베타β를 통해 수익률을 올리려고 한다. 한국형 헤지펀드는 2011년도 12월에 출범했다.

유동성이 높은 자산에 단기적으로 투자하는 경우가 많고, 경영권 행사에는 큰 관심이 없다. 자산의 매수, 매도에 대해 사모펀드보다 더 큰 유연성을 가지고 있고, 사모펀드에 비해 투명성이 높기 때문에 투자자들에 의해서 지속적으로 실적이 평가되는 경향이 있다. 맘만 먹으면 언제든지 빠져 나간다. 전문투자자의 등록요건 중 개인은 소득액 1억 원 이상 또는 재산가액 10억 원

이상으로 완화한다고 하고, 투자자의 자격이나 투자금의 규모, 인출의 제한 lock-up 등도 탄력적으로 운용되는 추세이다.

일반투자자에겐 기간 경쟁력이 있다

단어가 어렵고 복잡한 것이지, 싸다고 생각하는 것과 비싸다고 생각하는 것을 동시에 사고 판다. 보유하고 있지 않은 자산도 비싸다고 판단되면 파는 것이 공매도 short selling이다. 많이 팔아서 값이 싸지면 되사서 갚으면 그뿐이다. 레버리지를 많이 일으키기 위해 차입도 불사하고, 운용자의 돈도 Seed라는 이름으로 초기에 보태기도 한다. 성과보수는 이전의 최고 실적을 회복함은 물론이고 능가하여야 하는데, 성과 좋았을 때의 수준을 다리 밑의 빗물 수위처럼 표시하고 이것을 넘어설 경우에만 가져간다. 이것을 하이워터마크 high water mark라고 한다.

'DDD 돈 되면 다한다 전술'이 헤지펀드의 기본 성향이다. 그렇기 때문에 전 세계를 대상으로 각종 지수·지표·시세를 대상으로 거래를 해서 이익을 추구한다. 매크로 전략 외에도 글로벌하게 기업을 대상으로 이벤트에 맞추어 전술을 구사하기도 한다. 자금조달이나 M&A 무엇이든 관계없고 가차 없다. 시장과 시황에 관계없다 보니 CTA Commodity Trading Advisors도 작동한다. 이른바 추세추종 컴퓨터 자동매매 시스템이다.

알고 트레이딩 Algorithm trading 이라고도 한다. 성과가 안 날 때는 '모르고 트레이딩'이라고 비하하기도 하는데, 수 백 개가 넘는 매매전술이 있다고 한다.

언감생심이고 그림의 떡 같다고 해서 '개떡'처럼 여길 필요는 없다. 앞으로 더 잘게 나뉜 단위로 헤지펀드에 투자가 가능해질 것이기 때문이다.

필자는 일반 투자자가 경쟁력을 가질 수 있는 부분을 투자기간으로 인식한다. 거액의 전문 투자자나 운용자들은 늘 성과가 모니터링 되기 때문에 단기성과에 대해 해마다 목에 힘을 주거나 목을 길게 늘여 빼야 하는 처지가 된다. 자기 자금으로 하는 일반투자자는 언제라도 장기투자자로 전환해서 참고 기다릴 수 있는 '기간 경쟁력' 카드를 들고 있는 것이다.

 아하! 그렇구나

내 일을 자기 일처럼, 내 돈을 자기 돈처럼 관리해 주는 상대를 찾기란 정말 쉽지 않다.

1일=10년 청맹과니 주식투자 ————————————•

투자에 대한 필자의 설명은 지극히 단순하다. "싸게 사서 비싸게 팔거나, 비싸게 먼저 팔고 쌀 때 사서 갚으면 된다. 사는 사람이 많으면 가격은 오르고, 파는 사람이 많으면 가격은 떨어진다. 거래량 바로 뒤에 가격이 있다." 투자라는 말과 흔히 결합되는 단어는 '분석'과 '전망'이다.

분석은 비교라는 관점을 가져야 절대적이든 상대적이든 평가가 된다. 분석을 마치면 대개 전망을 하게 되는데, 전망은 전제를 가진다. 전제가 없는 전망을 보는 것은 '점'을 보며 점술가의 입에 전적으로 의존하는 것과 같다. 때로는 전제가 분석가의 도피처가 되기도 하지만 그래도 필요하다. 전망의 예측치는 어차피 실적치에서 벗어나기 마련이다. 다만 그것이 얼마나 합리적인 시나리오와 논리를 타고 있느냐를 보는 것이다.

조선 정조 때의 문장가 유한준의 글에는 "사랑하면 알게 되고,

알면 보이나니, 알면 사랑하게 되고, 사랑하면 보이나니" 하는 부분이 있다. 흔히 주식과 결혼하지 말라는 표현은 사랑하여 알게 된 것에 눈이 멀 것을 경계하는 말이다. 전쟁터 같은 시장에서 '질러놓기 기대하기'를 하는 것은 섶을 지고 불속에 뛰어 드는 것과 같다.

'눈 뜬 장님', '까막눈'의 청맹과니는 투자의 세계에도 많다. 모르면 발을 들이지 않는 것이 맞겠지만, 수익이라는 욕심에 발을 들이거나 급하게 결정을 내리면서 중요한 포인트를 간과하는 것이다. 사는 것은 쉽다. 돈이 있고 시장이 열려 있으면 된다. 파는 것은 어렵다. 손실이 나있어도 어렵고, 이익이 나있어도 어렵다. '쉬운 것'을 숙고해서 어렵게 결정할 수 있어야 하고, '어려운 것'을 쉽게 처리하는 프로세스를 가지고 있어야 프로가 된다. 이익의 1.5~2.5배라고 하는 손실회피율은 손절의 고통이 크고 어렵다는 것을 반증한다.

섣불리 질러놓고 기대하지 말라

증시의 많은 격언은 그럴 듯한 통찰력을 제시해주곤 한다. 죽은 고양이도 떨어뜨리면 되튀김이 있다는 데드캣 바운스, 거래의 쏠림 현상을 의미하는 미인대회, 시황을 거꾸로 읽는 남들이

가지 않는 뒤안길의 꽃동산, 그림자에 해당하는 가격과 그에 앞선 거래량, 소문에 사고 뉴스에 팔라고 하는 정보력, 같이 떨어지고 개별로 먼저 오르는 우량종목 찾기, 떨어지는 칼날을 잡지 말라고 하는 성급한 판단 자제, 천장 3일 바닥 100일이라는 폭등락의 전조인 긴 보합, 나누어서 사고팔라는 분할 매매, 앵커링 효과를 경계하는 매수가격 잊기, 수줍은 처녀처럼 매수하고 토끼처럼 매도하라는 매매 타이밍, 고장 난 시계가 맞추는 두 번의 정확한 시간예측 등… 이루 헤아릴 수 없이 많은 비유와 충고가 있다.

'십 년10을 입어도 하루1를 입은 것 같고, 하루를 입어도 십 년을 입은 것 같은' 이라는 광고 문구가 있었다. 투자는 직관과 통찰, 순발력과 진중함, 진취적이되 보수적인 합리성이 꾸준히 이어져야 한다. 전선에 처음 서는 초병처럼, 수십 년의 전장을 지켜온 노회한 군사처럼 전투에 임해야 살아 나갈 수 있다. 고스톱에 처음 발을 들여 3점 몇 번 먹은 사람이 자신을 타짜로 인식하는 순간 참사를 맞는 것이다.

 아하! 그렇구나

세상에 '없는' 세 가지가 바로 '공짜, 정답, 비밀' 이다.

1월×1일　시간가중수익률 ●

　물건은 오래 쓰면 닳고 고장 나는 게 당연하다. 금융상품은 2가지 면에서 성질이 좀 달라진다.

　첫째, 시간이 지나도 변질되지 않고 때로는 이자가 붙는다.

　둘째, 용도가 없어지는 일반적인 상품 대신 신용에 따라 원금에 변동이 생긴다. 투자했던 대상이 크게 성공하거나, 신용이 없어져 부도가 나기도 한다. 시간과 신용을 놓고 투자자는 고심을 한다. 아무 것도 안하면 원금은 보장되지만, 시간이 경과하면 물가가 오른 만큼 원금은 가치가 내려간다. "회수할 원리금이 확정되지 않은 금융상품"이 금융투자상품이다.

　금융투자상품은 담담하고 냉혹하다. 푸시킨의 시에는 "삶이 그대를 속일지라도 / 슬퍼하거나 노여워하지 말라 / 슬픈 날을 참고 견디면 / 기쁜 날이 오고야 말리니."라는 구절이 있다. 인용된 시에서 '삶'을 '수익률'로 바꾸어 읽어보면 색다를 것이다.

수익률이 그대를 속일지라도

금액가중수익률과 시간가중수익률은 다음과 같이 설명할 수 있다. 투자자의 입장에서는 기간 중에 더 투자하기도 하고 회수하기도 하니 일반적으로 '금액가중수익률'로 계산한다. 투자 기간 중에 추가투자나 회수가 발생하더라도 꿋꿋하게 1원혹은 동일금액이 투자되어 있는 상태로 놓고 계산하는 것이 '시간가중수익률'이다. 일간 투자수익률을 계속 곱해 나간 다음 마지막에 원금에 해당하는 1을 빼면 된다. 금융투자사에서 제공하는 수익률은 후자다. 자신의 수익률과 안 맞는다고 신문의 자료를 들고 따지면 곤란하다.

투자하는 사람은 '무슨 일이 어찌 될지 모르는' 내일에 기대를 건다. 춘궁기와 겨울을 대비하는 것은 개미, 벌, 다람쥐, 곰만이 아니다. 자식에 기대고 싶어 하지 않는 세대들은 노후를 대비한 은퇴설계를 서둘러야 한다. 신입직원 시절부터 자신의 경력관리와 함께 여유있는 노후가 되도록 설계하고 준비해야 한다. 예상하고 맞는 매는 덜 충격적인 법이다.

 아하! 그렇구나
_____
계절에 앞서서 준비하는 밀짚모자와 털장갑은 안정감을 준다.

36개월   적립식 투자 효과 ─────────────●

현금을 들고 있으면 강박증이 생기는 것처럼 투자 자산을 들고 있으면 조급증이 생긴다. 애꿏은 휴대폰으로 계좌조회를 줄기차게 하게 된다. 혹자는 투자를 하고 나서 군대를 갔다 오든지 유학을 갔다 오든지 심지어 큰집(?)을 다녀오면 성공투자가 될 것이라고 농담하기도 한다. 투자의 적은 조바심이다.

투자자는 사전에 투자 기간을 미리 설정해야 한다. 하지만 대개 스마트하게 시작해서 성급하게 결정했다고 생각하지 않는다, 원하지 않는 장기 투자자가 되고 물렸다고 생각하지 않는다, 시장 비관론자가 되었다가 지금이 기회라고 생각하지 않는다, 원금이라도 건졌으니 다행이라며 회수하는 닻내림 효과라고 생각하지 않는다 패턴을 반복한다. 그러면서 마음, 시간, 돈의 에너지를 소진한다.

유리지갑 샐러리맨의 최적 투자방식은 적립식이다. 잊고 있어도 때되면 정기인출되어 알아서 투자가 이루어지는 것이 가장 자연스럽다. 적립투자로서의 첫 번째 방법은 매달 일정한 수량을 사는 것인데 이때는 가격의 변동으로 금액은 변동한다. 가격이 상승하고 있다면 무방하지만, 오른 가격에 수량을 적용하게 되어 적립효과는 크지 않다 할 것이다.

두 번째는 일반적인 적립식 펀드에 적용되는 방법으로 일정한 금액으로 정해진 시기에 정기적으로 사는 것이다. 가격이 변동되면 이번에는 수량이 바뀐다. 가격이 낮아지면 당연히 수량이 많아진다. 이런 방식은 달러코스트애버리지DCA : Dollar Cost Average 효과를 만든다. 마지막으로 가치분할투자방식이라고 하는 VAValue Average는 평가액이 매달 일정하게 증가하도록 하는 방법이다. 기왕의 투자된 부분의 평가에 따라 이번 기의 투자 규모가 변동된다. 셋 중 어느 방법을 택하더라도 나름의 적립 효과가 있다.

적립식이 보여주는 꾸준함의 가치

적립식으로 저축을 하거나 투자를 하는 이유는 소득의 관점에서는 대부분 월급이라는 소득을 통해 투자와 소비가 이루어지기 때문이다. 적립기간과 누적 적립액이 일정 수준을 넘어서면 시장 변동성의 노출 위험이 커진다. 기대수익과 규모가 일정 수준으로 형성되면 분리하는 것이 바람직하다. 1회 분의 비중이 상대적으로 작아지기 때문이기도 하고, 새로운 포트폴리오로 적립을 시작하거나 리밸런싱을 필요로 한다는 의미다.

적립식 투자에도 헐Clark Hull의 목표 가속화법칙goal gradient theory이 작동하는 착시가 생기기도 한다. 이 법칙은 모든 분야의 비즈니스와 교육, 개인의 성과에 영향을 끼친 다. 마라톤이 목적지에 근접하면 단거리화 되듯이 더 열성적이고 빨라지는 것과도 같다. 책의 결말에 가까워지면 책장을 넘기는 속도가 빨라지며, 전화 통화가 끝날 즈음에는 말하는 속도나 메시지의 반응 속도가 빨라진다.

마무리 단계의 프로젝트에서는 더욱 성실하고 열정적이 되는 것처럼 말이다. 적립식 투자와 저축은 가시화된 목표점을 둔 세상 일에서 '꾸준함' 이 가지는 가치를 보여준다.

 아하! 그렇구나

잊고 있는 동안 소득의 일부가 쌓이게 하는 것도 적립식이다.

2% vs 10%   글로벌 투자시대 ─────────●

방한 관광객과 우리 국민의 해외여행객을 비교한 통계를 보면 2004년도 580만 vs 880만, 2015년도 1,320만 vs 1,930만으로 10년 새 두 배 가까이 늘어났으며 밖으로 나가는 숫자가 월등하다. 이런 세계화에 맞추어 투자에 있어서도 국경을 가릴 이유가 없어진 것 같다.

0%대에 근접한 기준금리ZIRP : Zero Interest Rate Policy 세상이다. 고성장과 고물가를 반영한 고금리 상품은 아직 언감생심이다. 성장 한계를 보인 금융시장도 게걸음을 거듭하는 상황이다. 불황형 흑자라고는 하지만 곳간에 쌓이기만 하는 외환 보유고는 부담스럽다. 이러한 상황에서 해외투자를 하면 비과세를 해 준다는 등의 은근한 유혹을 당국이 나서서 제시한다. GDP로 하건, 상장된 유가증권 시가총액으로 하건, MSCI의 지수 구성비로 보건 우리나라는 글로벌하게 보면 약 2% 수준이다.

해외투자를 주저하는 이유는?

해외투자에 있어서 한국형 자산배분이 갖는 가장 큰 고민거리는 '홈바이어스home bias' 다. 그 이유는 첫째, 그렇지않아도 정신 사나운데 환율까지 챙기려니 힘들다.

둘째, 다국적 기업이 증가해서 여기에 투자해도 비슷한 대체효과가 있다는 것이다.

셋째, 시장·거래정보를 얻으려다 보니 시차도 있고, 언어도 다르고, 공시방식도 다른 불편함이 있다.

넷째, 우리나라 법규도 모르겠는데 남의 나라 산업·상품·제도·규제야 두말할 필요가 없다.

다섯째, 그냥 지금까지 주먹구구로 투자해오면서 익숙해진 것을 떨치지 못한다.

마지막으로, 그렇게 해서 투자를 해도 나라 간에 조세협약 같은 것으로 세금 등 비용이 추가적으로 지출된다는 생각이 든다. 이런 이유들로 해외투자를 주저하는 것이다.

고위험자산은 장기투자를, 낮은 상관관계 자산은 분산투자하라고 하지만, 생각은 있어도 막상 나서 보면 어느 나라에 투자해야 하며 얼마 정도를 해야 되는지 혼란스럽다. 어느 것이 위험한지를 분간하고 신뢰하기에 앞서 겁부터 나는 것이다. 믿고 투자하려 해도 지금이 적절한 진입 시기인지 회수 시기인지를 분간하기 어렵다. 금융기관의 상담자들은 해외 투자와 관련된 상품을 팔려고만 하지 왜 그 상품을 사야 하는지에 소상하게 설명을 붙이기를 부담스러워 한다.

지금은 글로컬 시대글로벌+로컬라이제이션이다. 글로벌 투자 비중을 국가-지역-글로벌로 구분해서 결정해야겠지만 웬만해선 스스로 하기가 어렵다. 여행 다녀온 곳 또는 여행하고 싶은 곳을 한군데 정해서 위험 자산의 10% 정도를 투자하는 것을 첫 걸음으로 제시할 수 있겠다.

 아하! 그렇구나

국가의 세계화 수준과 위상만큼 투자 반경도 넓어진다.

테일 리스크

99% 신뢰구간

예전에는 길거리에서 장기나 바둑판을 펼쳐 놓고 내기를 하는 모습이 흔했다. 진지하게 맞서는 강호의 고수들보다 병풍처럼 둘러서서 한마디씩 던지는 훈수가 더 재미있었다. 시장 언저리에는 야바위꾼도 있었다. '애들은 가라' 라는 소리를 들으면서 야바위꾼의 손놀림에 집중했었다.

시장 안에 몰입하면 위험을 인식하지 못한다. 실제 벌어진 위험이 예상과 기대 수준을 넘어서면 치명적이다. 맞을 것을 알고 대기하다가 맞는 펀치와 예상치 않은 때에 기습적으로 맞는 크로스 카운터 펀치는 강도가 같아도 충격은 다르다. 2007년 탈레브Nassim Nicholas Taleb 교수의 저서 '블랙스완' 은 월가의 허상을 통렬히 파헤쳤다.

과거의 경험으로 확인할 수 없는 기대영역 밖의 관측 값이 블랙스완이다. 발생 가능성에 대한 예측이 거의 불가능하지만, 일단 발생하면 엄청난 충격과 파장이 따른다. 발생하고 난 뒤에는 어떤 경우라도 설명도 되고 예견도 가능해진다. 리스크 관리라는 이름으로 넋 놓고 당한 블랙스완의 사례는 넘치도록 많다.

금융상품에서 발생하는 위험의 종류

우리말의 '위험' 은 영어로는 여러 가지가 있다. 패러다임의 변화로 생기는 위험crisis, 안전에 영향을 주는 위험hazard, 불확실성을 의미하는 위험risk, 물리적인 상해가 생기는 위험danger, 전반적인 상태와 강도가 유해한 위험peril 등이 있다. 금융시장에서는 대개 리스크를 놓고 위험이라는 표현을 쓴다.

금융상품에서 발생하는 위험은 다양하게 산재한다. 이자율, 금리, 주가, 나아가 상관관계까지 시장 안에서 변동하며 만들어지는 시장 위험이 대표적이다. 시장의 변동성이 커지면 위험이 크다고 표현한다. 구불구불한 길이 운전하기가 더 힘들 듯이 말이다. 테일 리스크tail risk라는 쉽지 않은 단어는 모든 경우예를 들어 1000 번 투자한 경우 일어나는 손실이나 이익이 발생한 각 결과의 수를 표현한 종 모양의 정규분포도에서 양쪽 끝꼬리 쪽을 의미한다.

일반적으로 인식하는 기대수준평균치으로부터 떨어져 있는 정도를 분산과 표준편차라는 통계적인 수치로 표현한다. 이 1,000

번의 투자중 왼쪽 영역의 꼬리쪽에서 일어날 10번의손실 가능성은 극히 낮지만 한 번 일어나면 엄청난 충격을 줄 수 있는 리스크가 된다. 이것을 99%의 신뢰도라고 하며 '있어 보이게' 표현한 것 뿐이다. 그밖에도 신용등급 변동, 부도, 파산, 결제불이행과 같은 신용 위험, 유동성을 확보해야 되는 시점에 시장 수급이 꼬여 낭패를 겪게 만드는 유동성 위험, 세제나 법규 등의 바뀌면서 노출되는 제도 위험, 시스템 활용과 보안과 한도관리·결재 등의 과정에서 발생하는 운영 위험, 심지어는 팻핑거fat finger, 손가락이 굵어 의도하지 않은 키가 눌러지게 됨로 인한 키보드 주문시의 오작업 손실위험도 있다.

큰 기대에는 높은 위험이 있기 마련이다. 선거 때 듣는 달콤한 공약에 대한 기대만큼 출마자의 과거 경력과 능력에 대해 이해하고 신뢰를 투표로 표현한다. '듣기 좋은 허언', '안 되면 말고' 식의 현혹하는 기대감 들을 분간해야 하는 것이다. 막상 막연한 기대가 무너지고 현실에서 막대한 위험으로 다가올 때 우리는 공포를 느낀다. 그래서 "우리가 두려워해야 할 단 하나는 공포 그 자체"라고 얘기한 루스벨트 대통령의 말이 더 현실적인 표현으로 다가오기도 한다.

 아하! 그렇구나

위험은 인식하고 측정하면 관리할 수 있다.

4매트릭스 투자 상담의 프레임워크 ────●

　그리스 로마 신화에서 타르타로스 신의 연못에 서 있게 된 탄탈로스는 가슴까지 차오른 물과 머리 위 과일 가지 사이에 있었다. 물을 마시려 고개를 숙이면 물은 말라버리고, 과일을 따려고 손을 뻗으면 나뭇가지는 손이 닿지 않도록 높이 올라가 버려 영원한 갈증과 배고픔에 시달렸다고 한다. 내 것인 듯, 내 것 아닌, 내 것 같은 세상의 돈 때문에 우리는 탄탈로스처럼 갈증을 느끼며 산다.

　출생에서 어린이, 청소년, 청년, 중장년, 노년으로 이어지는 생애주기에서 발생하는 국민생활은 입시, 취업, 주거, 보육, 노후 등 5대 불안과 연결된다. 요즘 액티브 시니어들은 나이에 0.75를 곱하여 예전의 연령과 비교한다. 1970년도에 61.9세였던 기대수명이 2014년에는 82.4세가 되었으니 말이다.

　앞서 말한 5대 불안에서 벗어나기 위해 금융 관련 투자 상담과

제안이 쉼 없이 이루어진다. 이러한 관점에서 프레임워크는 4개의 기둥을 가진다. 어느 지역 어느 것에 투자할 것인가what, 언제 진입하여 언제 회수할 것인가when, 투자자는 어떠한 목적을 갖고 있는가why, 어떠한 수단으로 이룰 것인가how-to로 정리된다.

무엇에, 언제, 왜, 어떤 수단으로

투자자의 투자성향, 목적 그리고 투자기간에 걸쳐 그 속내를 읽어내는 힘이 투자상담사의 상담 역량이다. 이 부분에 대한 설정은 2개이다.

첫째는 '내가 너라면', 둘째는 '그게 내 돈이라면' 이다. 이 둘은 상담을 의뢰한 상대에게 대단히 설득력 있는 작업이다. 진지해 보이고 진실하게 느껴지기 때문이다. 그것을 통해 왜why라는 깊은 질문을 던져 생각을 읽어야 하는 것이다.

그 다음에는 현실적인 접근을 한다. 앞으로 어떻게 할 것인가 즉 방법론how-to을 구체적으로 협의해야 한다. 현재의 시점as is에서 미래의 모습to be을 설계하는 것이다.

우리의 일상적인 삶은 하루하루가 비슷하다. 삼시세끼 먹고, 때 되면 자고, 화장실을 오가는 일상이 이어지지만 거기에는 생애주기와 문화코드가 있다. 그 중심에는 자신의 필살기라고 할 수 있는 직업과 전문성이 생활의 기반을 이루고 있다.

많이 변화되었고 또 변화되고 있는 인구 피라미드 구조에서 지금의 우리는 고뇌하고 고민한다. 프로 사회로 진입하는 젊은 세대는 경쟁력을 고민하고 은퇴를 앞둔 중년 세대는 프로 사회에서의 버려짐과 노후에 대한 불안을 고민한다. 각자가 처한 세대에서 금융 투자 상담이 차지하는 비중은 적지 않다. 그래서 프레임워크의 화두 잡기는 쉬운 듯 어렵다.

 아하! 그렇구나

역지사지의 투자상담은 '내가 당신이라면' + '내 돈이라면' 으로 시작된다.

3가지 경계해야 할 투자패턴 ●————————

금융은 '자금'의 '통융'이다. 자금은 군자금, 산업자금처럼 어떤 목적이 있는 돈이다. 영어로 금융은 financing이다. 영화가 끝나고 엔딩 크레딧이 올라가고 나면 'fin끝, end'이라는 글자가 뜬다. 주차위반을 하고 내는 벌금은 영어로 fine이고, 무언가를 한정짓고 정의하여 표현하는 단어는 define이다. financing이라는 단어는 전쟁이 끝난 뒤 포로를 돈과 바꾸는 것을 의미한다. 그러면 상황이 마무리된다. 투자라는 단어에서는 긴 창을 힘써 던지는 것이 투投이고 자資는 재물을 뜻한다. 투자를 의미하는 영어 단어 'invest'는 겉옷인 조끼vest에 접두어 'in'이 붙으면서 '지위의 상징인 의복을 입게 하다'라는 뜻으로 시작된다. 이것이 발전하면서 '재산권을 부여하다'가 되고, '자본을 잘 쓰도록 맡기다'가 되었고 '투자하다invest'에 이르게 된다.

실패요소가 곧 성공요소이다

이러한 금융투자의 세계에서 투자가 실패하는 3요소로 단기투자, 차입투자 그리고 집중투자 말하자면 '몰빵' 가 있다. 단기투자는 투자의 회수기간을 짧게 잡는 것이다. 방망이를 짧게 잡는다는 것은 홈런이나 안타보다 번트를 의도하는 것이 된다. 자기 자금이 아닌 차입투자는 심리적 부담도 있으려니와 기대 밖의 상황에서 버텨내는 동력이 떨어짐을 의미한다.

시장 환경은 누구에게나 비슷하게 다가오기 때문에 비오는 날에 우산을 빼앗기는 상황이 된다. 집중투자는 위험 저감 차원의 포트폴리오와는 대립된 의미이지만 원론적으로는 선택과 집중이라는 차원에서 살펴야 할 요소이다.

이 세 요소를 잘 활용한다면 오히려 성공투자의 3요소가 될 수도 있다. 남의 돈을 부담 없이 싼 비용 부담으로 조달하는 것, 이익과 회수가 100% 확실하도록 종목을 최대한 압축하고 다양한 요소로 자료를 집중 분석하는 것, 변동성이 극대화되는 시점을 찾아 진입과 철수의 타이밍을 잡는 것. 금융투자의 원리는 이 3가지에 무게중심을 놓고 시작된다.

투자자의 심리에는 판단에 대한 자기만족도 한 몫하게 된다. '내 말이 맞지?'를 증명하기 위해 실패를 부정하고 물타기를 반복 시도self herding하거나, '나만 빠졌나?' 하는 소외감 극복을 위한 따라하기가 있다. 그리고 천변만화하는 시장에 과거 성공에 기반한 열정적인 타성active inertia으로 대응하는 경우도 다반사이다.

 아하! 그렇구나

자신의 투자 판단을 장기판 훈수 두는 심정으로 살펴보기.

<u>3가지</u>　금융투자상품의 선택 ————————●

　손에 닿는 대로 아무것이나 이용하는 예술 기법을 브리콜라
주<small>bricolage</small>라고 한다. 인문적 상상력이 조화된 아이폰을 브리콜라
주의 결정판이라고도 한다. 직접 제조하지 않아도 거래가 되는
것이 상품이고 이 말 앞에 금융이 붙으면 금융상품이 되는데, 하
늘 아래 새로운 것이 없다 했으니 금융상품은 결국 무언가의 결
합과 조합을 뜻한다.

　좋은 금융상품이나 투자상품을 제안해 달라는 부탁을 받을 때
해줄 수 있는 이야기는 하나밖에 없다. "투자대상은 널려 있다.
다만 좋은 결정을 기다릴 따름이다." 모든 금융상품은 구매하는
고객에게 나름대로 가치가 있고 때가 잘 맞아야 한다. 금융상품
의 구매과정에는 각자가 살아온 삶과 구매력이 작동한다. 좋은
상품이었는지 혹은 나쁜 선택이었는지는 시간이 지나면 판정이
된다. 그래서 금융소비자는 고정관념에 기반한 추론적 판단을

뜻하는 휴리스틱에 빠지지 않도록 조언을 구하는 것이다. 내가 선택한 차로만 길이 막히는 것으로 느끼는 것처럼, 내가 선택한 주식만 더 심하게 주가가 빠지는 것으로 보인다. 바로 자신이 활용할 수 있는 정보에만 기반한 가용성 휴리스틱이다.

인기 있는 금융상품은 큰 수익을 줄 것처럼 비쳐진다. 거기에는 혼합적인 요소가 많이 있고 브리콜라주화되게 되어 있다. 어렵게 표현하자면 구조화된 금융상품으로 합성, 구조화, 파생, 헤지 등의 표현이 붙는다.

이러한 상품들은 최대한 단순화해 보아야 한다. 소비자는 저축, 소비, 투자, 기부에 노출되고, 금융자산으로 압축하면 예금, 대출, 보장, 투자로 구분이 된다. 각각은 반드시 시간과 신용으로 분해가 되는 기초적인 속성들이 섞여 있다.

시간과 신용을 고려하라

다음으로는 금융소비자의 상황이다. 어린이에게 파생상품을 팔고, 구순 노인에게 30년 만기 정기예금을 파는 것은 격이 맞지 않을 것이다. "자기가 완벽하게 이해하지 못하는 상품에 투자하지 말라"는 워렌 버핏의 말이 결국 정답이다. 무엇인가를 사려고 하는 것은 '나만을 위한 유일한 것'이거나 '대부분의 사람들이 소유한 것'이기 때문이다. 금융상품을 사려고 할 때 위의 두 가지 조건 어느 것에 해당되는지 다시 한 번 생각해볼 일이다.

좋은 투자의 세 가지 예로 장기투자, 가치투자, 분산투자를 얘기한다. 리스크 없이 원리금이 확정된다고 하면 의사결정은 대단히 쉽다. 수익보다 적은 금융비용으로 투자 밑천을 무한 조달하는 것이 최고의 선택이다. 우리는 님도 보고 뽕도 따고, 가재 잡고 도랑 치고 라는 플러스 알파 정신에 익숙하지만, 귀에 딱지가 앉게 듣는 얘기가 '하이 리스크-하이 리턴' 아니던가. 금융소비자 보호를 위해 완전판매를 역설하지만 소비자 스스로도 구매에 주의를 기울여야 한다.

너도 나도 사게끔 매력적으로 포장하다 보면 불완전 판매가 발생할 수 있다. 아무리 새로운 상품이 나와도 어디선가 본 것 같은 기시감이 있는 것은, 금융상품은 시간과 신용이라는 두 가지 큰 재료를 갖고 있기 때문이다. 복잡하게 설명되는 금융상품을 금융과 투자로 나누어 이해한다면 금융투자의 첫걸음이 무난해진다.

 아하! 그렇구나

복잡하게 설명된 금융상품은 가장 단순한 구조로 분해해서 파악한다.

<u>2050</u> BOXPI 상단

유치환의 시 '깃발' 의 한 구절 '이것은 소리 없는 아우성 / 저 푸른 해원을 향하여 흔드는 / 영원한 노스탤지어의 손수건' 처럼, 동경과 좌절은 금융시장에서도 찾아 볼 수 있다. KOSPI는 깃발처럼 손을 흔드는 3,000선을 차마 바라보지 못하고 있다. 2011년 중반 이후부터 1,800선에서 지지받고, 2,050선에서 저항 을 받으며 6년째 오르락 내리락을 반복 중이다.

코스피지수KOSPI : KOrea composite Stock Price Index는 한국거래소KRX 의 유가증권시장에 상장된 회사들의 주식에 대한 시가총액으로 산출된다. 기준시점1980.1.4=100과 비교시점을 비교하여 나타낸 지표다. 원래 명칭은 종합주가지수였는데 2005년 11월 1일부터 현재 이름으로 바뀌었다. 유·무상증자, 주식배당, 합병 등에 의 해 주가나 상장주식수에 변동이 있으면 기준시가총액과 비교시 가총액을 수정해서 연속성을 유지한다. 이 지수가 박스에 갇힌 것 같다 해서 '박스피박스+코스피' 란 별명이 붙었다.

코스피가 박스에 갇히는 구조는 단순하다. 호재가 반짝 나타나면 주식시장에 돈이 재빨리 들어와 주가를 밀어 올린다. 좋게 표현하면 스마트머니이지만 시중 단기 부동자금과 증시 대기자금 탓이다. 1%의 초저금리 시대에 돈은 금리와 수익률을 좇아 잽싸게 움직인다. 그렇지만 좀 올랐다 싶으면 여지없이 파는 세력이 나타난다. 3%를 넘지 못하는 경제성장률과 통화가치 같은 거시경제 펀더멘털에 대한 의구심이 고개를 드는 것이다. 기업의 기초체력과 성장 동력에 대한 불확실성이 작동하면서 일단 팔자로 돌아선다.

투자자들의 소리 없는 아우성

지수도 일종의 가격이다. 사는 사람이 많으면 올라가고 파는 사람이 많으면 떨어진다. 쌀 때 사서 비쌀 때 팔면 이익이다. 박스피는 우리나라 경제 성장성에 대한 믿음이 약해서 발생하는 현상이다. 미국 · 유럽 · 일본 등도 펀더멘털에 대한 의문이 있지만 강한 QE양적 완화 정책과 제로혹은 마이너스 수준의 금리로 주가를 밀어 올렸다. 뉴노멀의 시대에 통화량을 원없이 늘려도 오히려 통화가치가 강해지는 현상까지도 생기는 판이다.

박스피 현상의 오랜 피로감에서 이와 동떨어져 움직이는 '벤치마크 무시benchmark agnostic 펀드'가 주목을 받기도 한다. 코스피지수와 상관없이 장기적으로 성장할 믿음 주는 종목을 골라 담는 것이다. 여기에 돈이 몰리는 것은 영혼 없이 지수 플레이가 펼쳐지는 것에 염증을 느낀 투자자들의 '소리 없는 아우성'과도 같다.

동서를 가리지 않고 펼쳐대는 양적완화와 통화정책은 나부터 살고 보겠다는 '근린궁핍화 정책'에 다름 아니다. 한국형 양적완화 정책이 어떤 식으로 펼쳐질지 모르겠지만 뒷북치기로라도 보조 맞추기는 필요한 지경이다. 화폐전쟁, 환율정책의 균형상 박스피가 깨질 날이 곧 온다. 그때가 되면 분명 돈이 밀어붙이는 지수상승이 있을 것이다.

 아하! 그렇구나

글로벌 균형을 위해서라도 박스피의 돌파는 불가피하다.

20-48-52 족보와 타짜 ————————•

자신의 성씨의 시조가 탄생한 고향을 본관이라고 한다. 예전에는 성씨가 같아도 조상과 자손을 구별하기 위해 본관을 따져 동성동본 결혼을 금기시했다. 성씨가 달라도 김알지, 김수로 등의 시조는 같다고 여겨진다. 이러한 선대 내력을 볼 수 있는 것이 족보이다. 항렬을 잘 지킨 이름은 돌림자만 가지고도 누가 더 어른인지 친족관계를 따질 수 있다.

새 학년이 시작되면 선배들에게서 지난 시험의 특징과 출제경향을 파악하기 위해 '족보'를 차지하려 애쓴다. 제대로 챙긴 족보는 성적과 등위를 가르는 전가의 보도였다.

놀이와 도박의 경계를 오가는 '족보'도 있다. 동양화라는 은어를 써가며 '고스톱', '섯다' 판을 벌일 때는 항공기 무릎담요나 군용담요가 인기를 끌었었다. 다리 넷 달린 테이블에서 은근하게 벌이는 '포커' 게임에서는 제일 첫머리로 읊는 것이 '족보' 였다. 지금부터는 이 룰이 적용Ad hoc된다는 선언이었다. 자신이 받은 패의 조합에 따라 높고 낮음을 결정하는 데 적용되기 때문이다. 일반적으로 섯다는 화투 20장, 고스톱은 48장, 포커는 카드 52장을 꾼들이 나누어 돌리고 다시 조합한다.

52장의 카드에서 5개를 뽑아 조합되는 경우의 수는 $2,598,960 =_{52}C_5$이다. 족보의 로얄스트레이트플러시10-J-Q-K-A는 무늬상 네 개만 가능하다. 내가 산 로또의 번호가 1-2-3-4-5-6 이든지 골고루 선택한 숫자 6-12-25-31-37-43 이든지 45개의 숫자가 만들어 내는 8,145,060의 경우 중 하나일 뿐이다. 그럼에도 당첨 확률을 얘기할 때 뒤의 것이 더 높을 것 같다는 '느낌같은 느낌' 에 빠지기도 하는데, 족보가 없는 로또에서 일어나는 휴리스틱의 한 사례다. '숫자에 속지마!' 시라는 말씀을 드리게 되는 까닭이다.

투자와 투기, 게임과 도박

투자와 투기의 경계는 게임과 도박의 경계를 구분 짓는 것만큼이나 쉽지 않다. 요즘은 금융투자에 있어서도 DNA라는 용어를 쓰고 있다. 게놈지도를 연구하듯 하는 것은 아니지만 법인도 법인격法人格이 있다 보니 그럴 듯하게 트리tree가 만들어 지기도 한다. 법인을 지배하는 지분관계를 통해 그리기도 하고, 가계인

맥으로도 만들어진다. 기업의 인수합병시장에서는 인적 혹은 물적 분할과 결합을 통해 지배구조 governance라는 그림을 우호적이든 적대적이든 마치 족보처럼 그럴 듯하게 그려 나간다.

사회 어디서나 족보는 존재한다. 도박판에서 상대를 잘 속이는 사람을 '타짜' 라고 하는데 어찌 보면 그 판에 대해 가장 잘 아는 비겁한 프로라 할 것이다. 영화 '타짜' 에 나오는 것처럼 타짜의 첫 번째 작업은 호구를 찾는 것이다. 상대를 알고 나를 알면 백 번 싸워도 위태로움이 없다고 했다. 일단 벌어진 판에서는 어쨌든 승자독식이다.

속고 속임의 세상에 던질 수 있는 촌철의 말씀을 링컨 Abraham Lincoln이 남겼다. '모든 사람을 잠시 속일 수도 있고 일부를 영원히 속일 수도 있지만, 모든 사람을 영원히 속일 수는 없다 (You can fool all the people some of the time, and some of the people all the time, but you cannot fool all the people all the time).'

 아하! 그렇구나

'주머니 속 송곳' 은 진실과 사실에 여지없이 적용된다.

+100%=-50% 투자수익률 착시 ————————•

'지난 해에 투자한 펀드를 지난달에 평가하니 100% 수익이 났는데, 이번 달에 보니 지난 평가 때보다 50% 빠졌다.'

위 이야기를 1억 원의 투자로 적용하면 최초 투자 원금은 지금 얼마가 되었을까? '변한 것이 없다'가 정답이다. 결론적으로 투자기간 동안 부담한 금융비용이나 벌지 못한 금융소득만큼이 기회비용과 손실로 드러날 것이다. 1천만 원을 투자해서 세 번의 상한가+30%와 세 번의 하한가-30%를 반복하면 거래비용을 무시하더라도 753만원만 남아있게 된다.

자신이 투자만 하면 고등어자반을 만들거나반토막이 되거나, 갈치조림여러토막이 되거나을 만든다고 하며 스스로를 '투자 지진아'라고 부르는 이들이 있다. 하지만 실제 대부분의 투자자는 성공사례의 과대포장과 실패사례의 은닉을 하면서 자신의 투자 감각과 성과를 포장한다. 특히 수익률과 손실률에 대한 수치적 착각을 대부분 하게 된다.

투자수익률 착시에 대응하는 방법은?

이러한 착시와 착각에 대해 대응하는 방안은 다음과 같다.

첫 번째, 손절매loss-cut를 칼같이 지켜야만 새로운 기회나 재기를 위한 원본을 유지할 수 있다. 극단적인 예로, 100의 투자에서 90%의 손실이 이루어진 다음에 이를 원래의 수준 100으로 회복하려면 무려 900%의 수익을 내야 한다. 경제지표나 투자수익률을 계산할 때 지난 번 기준수치를 분모로 하기 때문에 생기는 현상이다. 원금 유지를 위해 2% 5% 10% 등 나름 사전에 정한 손실 범위에 도착했을 때는 기계적으로 대응하여야 한다. 기준점효과니 기저효과니 하는 비슷한 말도 꽤 된다.

두 번째, 자주 매매를 하면서 생기는 거래비용을 무시하면 안된다. 수수료주식의 경우 증권사에 주는 위탁수수료, 거래소에 내는 거래수수료와 매도시 세금증권거래세을 감안해 볼 때, 매주 사고 팔고를 반복한다면 연간 약 15~50%의 비용이 누수가 된다. 이러고도 원본 투자액을 연말에 보유하고 있다면 실제 대단한 수익을 낸 것이나 다름없다. 다른 주머니에 들어갔을 따름이다. 대개 안이하게 받아들이고 간과하는 부분이다.

위 두 가지에 대해 이해했다면, 레버리지나 인버스라는 이름
이 붙은 투자상품에 접근할 때는 좀 더 신중해 질 필요가 있다.
첫머리에서 예시한 현상이 그대로 반영되기 때문이다. 매일의
변동 폭이 반영되기 때문에 수익률이 마이너스일 경우 레버리지
상품은 더 많이 하락하게 된다.

지수가 1000 → 1300+30% → 1170-10%로 변동하였다면 결산 수
익은 +17%이지만, 2x배 레버리지 상품은 1000 → 1600+60% →
1280-20%로 최종 +28%가 된다. 34%일 것 같은데 아니다. 인버스
의 경우도 마찬가지다.

이러한 투자 상품에 진입할 때는 등락이 심하게 변동하지 않
고, 모멘텀과 방향성이 기대될 때, 단기간의 운용을 목적으로 하
여야 한다.

 아하! 그렇구나

수익률 숫자와 수치에 속지 말라.

7.6년 긍정의 힘 ————————————

예일대 심리학자 레비Becca Levy 박사의 연구에 의하면 자신이 나이를 먹는 것에 대해 긍정적으로 생각하는 사람일수록 평균 7.6년 더 오래 산다고 한다. 투자자의 심리는 어떨까?

매수 전에는 그 가격에 사지 못할 까 전전긍긍하고, 보유 시에는 가격 하락 걱정에 밤잠을 설친다.

어떤 이는 우스개로 이렇게 말했다. "투자자는 장수할 수밖에 없다. 내일 주가를 봐야 하기 때문에 오늘 죽을 수는 없다."

우산 장사와 나막신 장사를 하는 자식을 둔 어머니는 늘 하소연한다. '비가 오면 나막신 장사하는 자식이 걱정되고, 날이 맑으면 우산 장사하는 자식이 걱정된다.' 하지만 반대로 생각하면 달라진다. '비가 오면 우산장사가 잘 되고, 날이 맑으면 나막신 장사가 잘 되고.' 장사가 잘 되는 자식을 안되는 있는 자식이 도와주면 더 좋다. 긍정적이냐 부정적이냐에 따라 결과와 가치는 극명하게 달라진다.

투자 패턴에 긍정의 힘을 부여하라

투자는 자신의 책임 하에 여유자금으로 하라는 말을 흔히 한다. 어디까지 판단해야 시장과 남 탓 없이 자신의 책임을 인정할까? 투자 수익을 얻으려고 하는 사람의 여유자금은 어디에서 생기는 것일까?

투자를 시행하는 계좌에는 25% 하락 시까지 최초 투자금의 1/4 정도가 여유 현금으로 있는 것이 좋다. 오를 경우야 당연 좋지만 보유한 자산의 가격이 급락하는 경우도 있기 때문이다. 25% 정도의 여유자금은 물타기 용이다. 급락 시 더 싼 값에 매수할 수 있는 여력을 의미한다. 이것은 긍정적이고 낙천적인 보유 마인드를 만들어 조급증을 완화시켜 준다.

만약 평균 매입가격보다 25% 정도 하락하였음에도 매도 타이밍을 잃고 보유하고 있다면 3가지 의사결정을 할 수 있다.

첫째, 늦었지만 지금이라도 매도해서 잠시 마음 아픔을 겪고 손실을 확정하는 것이다. 그런 경우에도 대개 반등할까봐 다시 진입하게 된다.

둘째, 어차피 늦은 타이밍에 웬만큼 하락했으니 그냥 보유하는 것이다. 그래도 손실은 손실이고, 살 때 목표로 한 가격에 비해서는 그 갭gap이 훨씬 더 크게 느껴진다.

셋째, 코스트 애버리지 효과를 노려 매수 물량을 늘리는 것이다. 처음 매입단가의 75% 수준이었던 것이 92.3% 수준으로 올라갈 것이다. 현 수준에서 33% 상승해야 될 것이 8% 오르면 원금을 회복한다. 반등 회복의 기회가 더 가까이에 있게 된다. 단, 첫 매입 시의 판단기준과 믿음이 유지되어야 한다는 전제는 있다.

7.6년을 더 오래 살 수 있는 긍정의 사고방식은 무조건적인 낙관과는 다른 개념이다. 자신의 역량을 최대화하는 형태로 긍정적 사고를 하고, 이를 투자 패턴에도 실천적으로 적용하자는 뜻이다.

 아하! 그렇구나

종이의 앞면은 뒷면이 같이 있음을 의미한다.
모든 팩트는 양면성을 가지고 있다.

<u>-1, 0, 1</u>   상관관계 분석하기 ————————●

같이 있는 둘 사이에는 관계가 존재한다. 지표나 가격이 걸어온 그간의 역사 속에 그 관계성이 오롯이 녹아있다. 투자자의 입장에서 자산 간의 상관관계는 일종의 시장위험으로 받아들이게 된다. 3개의 자산 사이의 관계를 얘기하려면 둘씩 짝지어서 3개의 쌍을 만들어야 한다. 자산의 개수가 늘어날수록 그 조합도 기하급수로 늘어난다. 사람의 손으로 한계에 도달하게 되지만, 스마트화된 세상에서는 이러한 상황이 부담스럽지 않다.

보통 주식과 채권은 반대로 움직인다고 한다. 이런 것이 극단적일 때 상관계수는 -1이다. 코스피 지수가 오르면 여의도의 유흥음식점이 잘 된다고 한다. 지금이나 앞으로 생길 차익을 기대하면 쏨씀이가 커지는 것이다. 이런 찰떡궁합의 상관계수는 +1이다. 상관계수가 +이든 -이든 1에 가까워지면 우리는 본격적으로 둘 사이의 인과관계원인과 결과, 독립변수와 종속변수에 관심을 갖게 된다. 브라질에 비가 내리면 스타벅스 주식을 사라는 표현이 있다. 풍년이 되어 질이 좋은 원두를 싼 값에 사게 되어 결국 주가가 올라갈 것이라는 얘기다. 눈이 내리면 보험 회사에 불리하다고 한다. 눈 쌓인 도로 때문에 차량 사고가 많이 일어난다는 뜻인데, 차라리 폭설이 되면 유리한 소식으로 바뀌기도 한다. 차량을 이용한 출퇴근을 아예 하지 않기 때문이다.

같이 움직이는 지표를 파악하라

분석이라는 말 앞에는 '비교' 라는 말이 따라 다닌다. '옆집 아무개' 와 같이 비교해서 표현되는 대상들을 피어그룹peer group이라고 한다. 소득이나 성적을 얘기할 때 '부친남' , '엄친남' 이라는 이름으로 내 남편, 내 자식을 자극시키기도 하지만 한편으로는 비참하게 만드는 그룹이다. 유유상종이라는 말처럼 친구를 보면 그 사람을 알 수 있다고 했다.

금융시장에서는 상관관계와 연쇄반응 현상이 작동한다. 달러로 결제하는 대부분의 상품원자재, 곡물, 금 등은 달러가 강세가 되면 결제 받은 돈으로 살 것이 많아지기 때문에 오히려 상품가격의 약세하락 요인으로 작동한다. 미국의 다우지수가 끝도 없이 상승할 때 사람들은 공포를 잊고 낙관 일색으로 시장에 참여한다. 그러한 상태를 숫자로, 차트로 표와 글로 표현하고 설명하기 위해 분석하는 것이며 공포지수vix가 좋은 사례가 된다.

어떤 투자자산과 같이 움직이는 다른 투자자산이나 지표를 잘 꿰고 있다면 그것은 대단한 실력이 된다. 다른 이들이 모르는 지표라면 바로 수익을 내는 '열려라 참깨' 같은 노하우 코드가 된다. 자신만의 히든카드라서 공개하는 순간 위력이 상실될지 모른다. 우리나라 주식시장의 외국인 매수·매도와 코스피 주가지수와의 관계는 0.9 수준을 보여준다. 달러의 가치를 보여주는 달러 인덱스는 대부분의 투자자산과 역의 관계를 이루고 있다. 하루 이틀의 관계를 가지고 단정할 수 없듯이 보통 주간 단위 이상의 장기 데이터를 기반으로 상관계수는 산출된다.

 아하! 그렇구나

상관관계는 독립적인 둘의 움직임을 보는 시각이다. 인과관계와 구분하는 힘이 필요하다.

chapter **4**

영업실적 확실히
높여주는 숫자의 법칙

22명　돌고래와 나비 ──────────────●

　금융투자와 관련한 조언을 하는 것은 객관적인 사실을 나의 주관에 의해 상대에게 전달하는 것이다. 그것은 온전히 내 의지와 뜻이 아닐 수도 있다. 금융시장은 의외로 냉철하고 냉정한 면을 갖고 있기 때문에 금융 상담을 하는 입장이라면 다음과 같은 점들을 염두에 두어야 한다. 한 명의 고객이 미칠 수 있는 파급의 관점에서 세가지 인식을 할 수 있다.

　첫째, 시장에서도 나비효과가 있다. 나비효과란 초기의 작은 변화가 결과적으로 엄청난 변화를 가져오는 경우를 뜻한다. 미국의 기상학자 로렌즈 Edward Norton Lorenz가 '브라질에 있는 나비의 날갯짓이 미국 텍사스에 토네이도를 발생시킬 수도 있다' 고 말한 이론으로 물리학에서 말하는 카오스 이론의 토대가 되었다. 물리학의 카오스 이론처럼 주식시장은 탐욕과 공포가 엇갈리고 섞이는 카오스 상태이다. 오늘 내가 겪는 예측 불가능하고 변화

무쌍한 시장의 모습은 이미 일어난 어떤 현상 때문이기도 하지만 말이다.

둘째, 만족한 고객은 8명에게 영향을 준다. 주위에서 귀에 딱지가 앉도록 들은 말이 '칭찬은 고래도 춤추게 한다' 이다. 신규고객과 기존고객 그리고 잠재고객은 언제라도 칭찬과 불만족을 표현할 권리가 있다.

고객의 심기를 읽어내려면 인내심을 가져라

셋째, 22라는 숫자는 불만 표현의 파급 범위 즉 불만족이 미치는 부정적 영향력의 범위이다. 게다가 불만족하지만 표현은 하지 않는 고객도 있다. 고객에게 내가 긍정적 이미지로 각인되는 것은 당연히 좋은 일이지만, 불만족한 고객의 심기를 읽어내고 다독거려 나의 우군이 되게 하는 데에는 정말 많은 노력이 요구된다. 인내심을 갖는 것은 기본이다.

내가 고객을 만나는 1차 접점에서 진실의 순간MOT : Moment Of Truth이 이후의 8명 내지 22명에 이르는 고객을 창출하거나 떠나게 한다.

갑과 을로만 끊어서 생각할 문제가 아니다. 누군가에게 나는 갑이고 또 누군가에게는 을이 된다. 그것이 같은 사람일 수도 있고 다른 사람일 수도 있다. 어느 날 문득 누군가가 내게 상담을 요청한다면 그것은 우연이 아니다. 구전을 통해 혹은 SNS를 통해 나비효과처럼 전달된 것이다. 나 자신을 매 순간 노출되는 종합 미디어라고 생각해야 할 것이다.

 아하! 그렇구나

침묵하는 고객이 있다면 '왜?'를 스스로에게 반복해서 던져 보아야 한다.

5배 신규고객 개발비용 ──────●

비즈니스의 원리는 지극히 단순하다. 비용을 최소화하고, 매출을 최대화하는 것이다. 실적을 좋게 하는 데는 매출을 올리는 것보다는 비용을 줄이는 것이 더 빠른 길이다. 매출 속에는 원가요소가 들어 있다. 따라서 같은 매출규모라 하더라도 비용을 줄이면 이익에 곧장 반영이 된다. 기업이 구조조정을 하는 것도 매출 증대에 초점을 맞추는 것은 아니다.

사업에 있어 안정적인 매출원이 있다는 것은 복이다. 자칫 타성에 젖어 자기혁신이나 도전의식이 약해질 수도 있겠지만, 끊임없이 고객을 개척하고 개척된 고객을 오랜 기간 유지하면 일단 사업은 유지가 된다. 새로운 고객을 만나는 것은 설레는 일이기도 하지만, 한편으로 굉장한 부담과 스트레스가 작동되는 일이기도 하다. 만나는 상대가 고객이 되게 하기 위해서는 서로 공감이 되고 최종적으로 유익함이 있어야 한다. 필요를 채워 주어야 하는 것이다.

　상대와 이야기할 때 논리적 설득이 쉽지 않은 나름 네 가지 영역이 있다고 한다. 그 영역을 얘기할 때는 각자가 최고의 전문가로 변신하기 때문이다. 그 첫 번째 예가 가장 쉽게 상황을 이해할 수 있는 '축구' 이다. 축구는 경기를 시청하는 동안 모두 감독이 되고 선수가 된다. 두 번째는 '정치' 이다. 반이 차 있는 컵 속의 물을 '반 밖에 없다' 와 '반씩이나 있다' 로 극명하게 대비시켜 현실을 헷갈리게 한다. 세 번째는 '교육' 이다. 자기 자녀가 최고의 영재로 보이기 때문에 태산 같은 기대감을 갖고 최고의 교육을 시키려고 한다. 마지막으로는 '종교와 신념' 의 영역이다. 현실이 어려우면 '감당할 만한 시련' 으로 받아들이고, 비평과 불만에 대해서는 '신앙의 크기를 재는 시련' 으로 받아들인다.

　설득이 쉽지 않고 호락호락하지 않은 상대를 만나 신규 고객으로 등록 전환하기 위해서는 기존의 고객을 관리하는 것보다 5배의 노력이 필요하다고 한다.

핀테크 시대의 스마트 환경을 역이용하라

　금융시장에서 만나는 고객은 모두 '갑' 이면서 동시에 '을' 이다. '갑' 과 '을' 은 수수료를 주고받는 관계이지만 대립적인 관계가 되는 것은 아니다. 그러므로 방향성을 같이 해야 한다. 그러려면 시장에 대한 이해와 함께 '다름' 과 '틀림' 에 대해서도 포용력을 갖추어야 한다. 관리자로서 고객과 같이 호흡하는 것은 지극히 당연하다. 하지만 이제 고객을 개발하고 관리하는 방법에도 많은 변화가 생겨나고 있다. 핀테크가 일상용어가 되어가는 시대이기 때문이다. 투자금에 대한 일임관리가 자연스럽게 확대 확장되고 있다. 시장 스스로 그렇게 외연을 넓혀 나가고 있는 것이다. 고객은 오로지 안정되고 지속적인 수익률을 모든 판단의 기준을 삼는다. 5배 더 힘들게 신규 고객 개발에 힘을 쏟는 것보다 지금 현재 고객의 만족도를 올리는 방법에 집중하는 것이 더 효율적일 수 있다. 스마트 디바이스와 더 자주 대화 해야 하는 핀테크 시대의 고객 입장에서도 상담가의 말 한마디를 더 환영하게 된다. 스마트 환경을 잘 이용해 기존 고객의 답답함을 해갈하고 더 낮은 비용으로 관리하는 것도 역량이다.

 아하! 그렇구나
산토끼 잡으려다 집토끼를 놓치면 안된다.

<u>100과 0</u> All or Nothing ────────────●

학생 시절이 성적표의 '백점' 은 학업상의 완전무결을 의미
했다. 숫자 100은 여러 의미로 쓰인다. 성과에 대한 평가 기준으
로 사용되는 1백%이 있는가 하면 '백전백승' , '백발백중' 처럼 완
전함perfect을 의미하기도 한다.

100이라는 숫자는 완성된 느낌을 추고 꽉 찬 상태를 보여주는
숫자이다. 그렇지만 때로는 완전하기 때문에 불완전하게 느껴지
기도 한다. 무언가 변화가 일어나기를 기대하게 하는 까닭이다.
나이 표현 중 백세를 앞둔 99세를 백수白壽라고 한다. 일백 백百에
서 하나를 뺀 흰 백白자를 쓴다. 흰 머리카락이 연상되기도 하고,
이제 죽어 졸卒하는 일만 남은 것처럼 느낄까봐 피한 것일 수도
있겠다.

100일은 여러 종류의 기념일도 된다. 최소한의 지속 기간을 넘
어선 기간이라도 여기기 때문이다. 연인이 되어 만난 기간, 치성

을 드리는 기도의 시간, 갓난아기가 탈없이 보낸 기간, 공사현장에서의 무사고 등 무탈하게 지나온 기간으로 100을 사용한다.

또한 어떤 중요한 시점으로부터 거꾸로 따져 수능 100일 전, 완공 100일 전, 결혼 100일 전처럼 사용하기도 한다. 이처럼 100은 지속가능 여부를 따지는 기간이 되기도 하고 목표점이 되기도 한다.

100개를 과도하게 욕심내면 0이 된다

100은 종결점이 아니라 시작을 위한 숫자, 기준점으로 인식되기도 한다. 경기종합지수나 물가지수, 경상불변가격 등을 통해 특정 시점과 지금을 비교한다. 그 시점을 100으로 놓게 된다. 원하지 않아도 시간이 흘러가듯이, 지수에 있어서 100은 과정이지 결코 결과가 될 수 없는 숫자이기도 하다.

완전과 불완전을 오가는 숫자, 지속 가능성을 가늠하는 숫자, 비교기준을 의미하는 숫자 등 100은 다양하게 사용된다. 또한 100은 경계의 숫자이다. 전부가 아니면 아무 것도 아닌all or nothing 것을 의미한다. 사회생활에서 경쟁에 노출되면서 흔하게 듣는 표현이 승자독식Winner takes it all이지만 때로는 승자에게도 승자의 저주winner's curse라는 불편한 진실이 발생하기도 한다. 이는 경쟁심에 너무 몰입될 때 생기는 일이다. 100개를 독식하려는 과도한 욕심이 스스로를 '망' 쳐서 '0' 이 되게도 한다. 일정선을 넘으면 차오르던 모든 술이 잔에서 빠져 나가는 계영배戒盈杯 가 그 예가 된다. 그래서 100은 완전을 의미하기보다는 욕심을 경계하는 출발의 숫자이다.

 아하! 그렇구나

챔피언보다는 도전자가 목표가 확실하고, 오히려 여유있다. 도전자가 되라.

<u>1 in 1</u>　PT의 기본원리 ───────────●

　필자가 수많은 강연을 해오면서 가장 힘들었던 때는 청중을 제대로 이해하지 못했을 때였다. 복잡한 전문용어에 청중은 '무슨 소리래?' 하는 표정이었고, 공들여 준비한 슬라이드에도 심드렁한 반응을 보였다. 철저하게 준비한다고 한 자료 분량이 넘쳐 시간 조절을 하지 못한 채 막바지 5분 동안 숨 가쁘게 '말로 융단폭격'을 한 적도 있다.

　이런 경험을 통해 프리젠테이션이란 청자와 같은 공간에서 호흡하는 것이 중요하다는 것을 깨달았다.

　프리젠테이션은 남을 설득하거나 해법을 제시하기 위함이다. 요즘은 필요한 정보는 누구나 언제 어디서든 즉시 검색해서 얻을 수 있기 때문에 협상을 할 일도 예전에 비해 많지 않다. 사물인터넷IoE : Internet of Everything이 해결사 노릇을 해주는 데다 어떤 물건이건 온오프라인 연계O2O : Online to Offline되어 총알배송으로 날아온다. 이런 사회에서는 오히려 필요한 것이 정확히 무엇인지 제대로 표현하는 것이 관건이다. 프리젠테이션PT을 통해 나의 요구사항을 정확하게 표현하고 나열하는 것은 쉬운 것 같지만 생각보다 어렵다. 상대의 관심과 수준 그리고 능력을 감안해야 하기 때문이다. 설득하거나 해법을 제시한다는 것은 A-B-C가 있다는 뜻이다.

A. 주의(attention)를 끌거나 문제를 제기하고
B. 사례 혹은 예화나 데이터를 가지고 설명(body)하고
C. 상대를 설득시키거나 만족시키는 마무리(closing)를 해야 한다.

PT의 KISS와 KILL

프리젠테이션은 생뚱맞을 수도 있는 팩트들을 가지고 맥락을 만들고 정확하게 표현하는 일이다. 이러한 프리젠테이션은 대개 PPT파일로 작성하는데, 좋은 프리젠테이션을 위한 PPT 작성 팁은 다음과 같다.

1. 목차나 콘티를 스크린으로 짜지 말라. 자유롭게 종이 위에 흔적을 남기면서 구상하라는 것이다. 세부 목차까지 나오면 작성은 이미 완료된 것이나 마찬가지다.

2. 60% : 목표 분량의 60%를 삭제하라. 자신이 준비한 것이 왠

지 아까워서 무리하게 다 포함시키려고 억지로 한 화면에다 구겨 넣기도 하는데, 만약 50개의 슬라이드라면 30개를 지워보기 바란다. 그 후 살아남은 정말 꼭 필요한 슬라이드에만 집중하라.

3.1in1 : 하나의 슬라이드에는 하나의 메시지만 넣어라. 필요하다면 그 자체를 "?"와 같은 형태의 간단한 메시지로만 남겨라.

이러한 팁을 다시 2가지로 요약하면 다음과 같다.

- KISS(Keep it simple and short.:간단하고 짧게)

- KILL(Keep it large and legible.:크고 명료하게)

 아하! 그렇구나

프리젠테이션은 나를 과시하기 위함이 아니라 상대를 설득하기 위함이다.

250명 인맥 만들기 ───────────────────

요즘에는 친구도 곧 마케팅 창구가 된다. SNS로 소통하는 세상에서 디지털 절친 그룹tight group은 힘이자 짐이다. 이 사람들은 나에게 어떤 의미일까?

옥스퍼드 대학의 진화생물학자 던바Robin Dunbar 교수가 말한 매직넘버 '던바의 수Dunbar' s number'는 150이다. 그는 전 세계 원시부족 마을의 구성원 평균이 150명 안팎이라는 사실을 발견하고 이런 이름을 붙였다. 원시부족뿐만 아니라 아무리 발이 넓고 사람을 사귀는 재주가 뛰어나도 뇌의 인지적 용량의 한계는 최대 150명이라고 한다. 이는 진정으로 사회적인 관계를 가질 수 있는 최대 한계라는 뜻이다.

실제로 페이스북이나 트위터 같은 SNS 친구가 아무리 많아도 그중 최대 150명 정도만 가깝게 연락하고 지내는 것으로 나타났다. 친구가 1,000명이 넘는 파워 유저라고 해도 친한 관계는 150

명 정도며, 특히 그 중에서도 끈끈한 관계를 유지하는 사람 숫자
는 20명도 되지 않는 것으로 나타났다.

마치 오늘 처음 만나는 귀인처럼 대하라

혼자서 13,001대의 차를 팔아 기네스북에 오른 미국 최고의 자
동차 판매왕 조 지라드Joe Girad는 "그가 만나는 그 누군가는 250명
을 대변한다" 로 말했다.

이것이 '지라드의 법칙' 혹은 '250의 법칙' 인데 '사람은 누구나
결혼식이나 장례식 같은 인생의 중요한 행사에 초대할 정도로
친숙한 사람을 약 250명 알고 있다' 는 것이다. 그래서 그는 단
한 명의 고객을 만나더라도 250명을 대하듯 하였고 '한 사람에게
신뢰를 잃으면 그것은 곧 250명의 고객을 잃는 것이다' 라는 신
념으로 개개인을 귀하게 대했다고 한다.

칭찬은 8명에게, 부정적인 표현은 22명에게 전파된다고 했다.
그래서 친구를 못 만들더라도 적은 만들지 말아야 한다고 말한
다. 사람을 통한 파급력은 초심을 잃지 말자는 말과 같은 맥락이
다. 유명인사가 되기 전에는 공을 들이고 성심껏 '팬 관리' 를 하
지만, 어느 정도 명성을 얻게 되면 '올챙이' 시절을 잊고 예전부
터 지금의 모습이었던 것처럼 행동할 때 일이 터진다.

고객에 대한 데이터베이스는 모든 영업의 출발점이다. 가장 많이 활용되는 첫걸음이면서 가장 조심스럽게 다루어야 하는 것이 개인의 정보이다. 개인의 정보를 많이 모았다고 자랑거리가 되는 것은 아니다. 조 지라드처럼 한 명을 대해도 마치 250명을 만나는 마음가짐으로 겸손하고 조심스럽게 그리고 오늘 처음 만나는 귀인처럼 정성을 다해야 한다.

'남이 내게 해주길 바라는 대로 남들을 대하라' 는 황금률The Golden Rule을 잊지 말아야 한다.

 아하! 그렇구나
쌓인 명함이 인맥이 되는 것은 아니다. 관심을 보이면 반응이 보이고, 반응을 보이면 관심이 모인다.

chapter 4

1인치와 2%   바이럴 마케팅 ——————•

'입소문 마케팅' 또는 '구전 마케팅'은 SNS가 일상화된 요즈음에는 자연스러운 '버즈 마케팅' 수단이다. 벌의 웅웅거리는 소리인 버즈buzz처럼 버즈 마케팅은 매스미디어를 이용한 융단 폭격 광고보다 낫다. 어찌 보면 더 집요하게 수요자와 고객층을 파고든다. 큰 영향력을 추구하며 오히려 작게 시작하는 것이다.

'니치niche 마케팅'은 '숨어있는 1인치'의 고객을 대상으로 한다. 타깃이 명료해서 역설적으로 강한 호소력을 가진다. 틈새에 끼어 구석에 있는 당신을 내가 물어물어 찾아 왔는데 어찌 인정해 주지 않느냐 묻는 것이다.

수요층이 작을지언정 '그대들은 선택받은 사람이다'라는 메시지로 존재감을 부각시켜 준다. 니치 마케팅은 한 명 한 명을 인정하고 작은 집단들을 소중히 다룬다.

'노이즈noise 마케팅'도 있다. 부정적인 사실이나 효과를 강조해서 일단 구설수에 올라 이목을 집중시키는 것이다. 그 다음에는 원래 마케팅 하려던 본질을 드러낸다. 그것이 매출 증대나 홍보로 작동하도록 하는 것이다.

노이즈 마케팅을 '바이럴viral 마케팅소비자들이 소셜미디어를 통해 자발적으로 바이러스처럼 빠르게 퍼뜨리는 마케팅'에 실어 먼저 이목을 끌만 한 콘텐츠를 만들어 내고, 그것이 입소문을 타게 하면 그 효과는 비약적으로 커진다.

한 사람 한 사람의 마음을 두드리는 기법

요즘의 이메일이나 온라인 메시지는 내 마음을 읽은 듯해서 흠칫 놀라게 된다. 나비처럼 날아 벌처럼 쏘았던 알리의 주먹처럼 보는 이의 마음을 건드린다. 홈페이지를 방문하면 그간의 내 방문기록을 통해 나를 읽을 수 있고, 내가 클라우드 드라이브에 올린 사진과 글과 음악을 알아서 분류하여 내가 헤매지 않도록 친절하게 가이드해준다.

주위에 걸린 광고 배너도 허투루 마구 걸리는 것이 아니라 내가 사고 싶거나 필요할 것이라 생각되는 것들이다. 독심술을 하는 것처럼 느껴질 때는 일견 두렵기까지 하다. 영화 '마이너리티 리포트'에서 쇼핑객들 사이를 걸어갈 때 한 사람만을 위한 광고가 펼쳐지는 장면이 떠오른다.

신발 속의 작은 모래알에 종일 신경을 빼앗긴 기억이 있을 것이다. 나와 직접 연결되는 것은 아무리 작은 것이라도 크게 증폭되어 관심을 끈다.

예전에 '2% 부족할 때' 라는 문구로 인기를 음료 광고가 아직까지 기억에 생생하다. 바이럴은 이런 광고를 개인의 감각에 직접 일일이 호소하고 전달하는 마케팅 방법이다. 매스 미디어를 통해 한 번에 많은 노출을 시도하는 고전적인 방법에서 벗어나, 비슷하게 군집되는 잠재고객의 감성을 일일이 찾아 두드리고 호소한다.

 아하! 그렇구나

잘 키운 SNS 하나 열 매스미디어 안 부럽다. inan1105.blog.me

5년　기업의 적자생존 ────────●

　우리나라 기업들의 1년 생존율이 60%, 5년 생존율은 29%로 1년 전보다 2%p가량 줄었다통계청, 2015. 부동산 임대업과 운수업이 생존율이 높았다는 통계도 내놓았다. 혹자는 창업 3년 안에 80%가 없어지고, 나머지 20%도 2년 뒤에 다시 80%가 없어진다고 한다. 디지털 세상에서 오래 살아남는 사업과 자산관리 경쟁력을 위해 사자성어에 빗댄 네 가지 요령이 있다.

　1. '적자' 생존
　: 환경에 최적화된 종이 살아남는다는 '적자생존適者生存'에서 '적자'를 write적다, 쓰다로 바꿔 연상해보자. 공책이 되었건 스마트폰이 되었건 '적어두는 자'가 되라는 것이다. 메모의 힘을 믿으라는 것이다.

2. '전화' 위복

: '전화위복轉禍爲福'은 인생에서 긍정적 시각을 강조하는 말이다. 여기서 '전화'를 call전화로 바꿔보자. 세상 속에 자신이 있음을 누군가가 기억해 주고 먼저 연락해 오면 그것만큼 의미 있는 것이 없다. 떨어져 있는 부모님께, 가까이에 있는 친구들에게 근황을 묻고 전하면 분명 복이 온다.

3. '절세' 미인

: '절세미인絶世美人'은 누가 봐도 아름다운 여인을 뜻한다. 여기서 '절세'를 세금 절감의 절세로 바꿔보자. 재산을 모으기 위한 첫 번째 원칙이 '돈을 잃지 말라'는 것이라면 세금을 합법적으로 최대한 절감하는 것도 그만큼의 의미가 있다.

4. 가택 '연금'

: 원래 '가택연금家宅軟禁'은 거주지에 감금되는 형벌이다. 여기서는 노후를 대비해 연금을 택하고 불입하라는 제안이다. 협의의 재테크에서 광의의 재무설계에 이르기까지 일관된 원리는 장기에 걸쳐서, 정기적으로 자산군을 분산하고 분할하라는 것이다. 굳이 '국민연금-퇴직기업연금-개인연금'이라는 3층 구조를 얘기하지 않더라도 각자의 인생은 스스로 챙겨가야 할 몫이다.

5. 만사 '여의'

: 손오공의 여의봉처럼 세상 일이 내가 뜻한 대로 된다고 '만사여의萬事如意' 한 것은 아니다. 여기서는 여의도 금융가의 트렌드를 주시하라는 뜻이다. 경기가 순환주기의 어느 점에 있더라도 시장은 정책의 파도를 타고 늘 새로운 형태의 상품을 선보인다.

투자자들은 몰림과 쏠림을 통해 특정 업종과 상품에서 큰 수익을 만든다.

 아하! 그렇구나

'살아남는 자가 강한 것이다' 라는 명제는 창업에도 적용된다.

10배 차이 목표 기록과 연봉 ───────────●

 뱃사람들은 망망대해에서도 방향을 잘 알고 간다. 정확한 해도와 항해술이 갖춰지기 전에는 육지를 기준으로 배의 위치를 추산하는 추측항법에 의존했고, 천문항법으로 낮에는 해, 밤에는 달과 별을 보고 항해했다. 북극성과 북두칠성은 중요한 지표였다. 나침반 덕분에 사람들은 흐린 날이나 별이 보이지 않는 밤에도 목표를 잃지 않고 방향을 찾을 수 있었다. 이제는 레이더와 GPS에 의존한다.

 책상머리에 '하면 된다', '실패는 성공의 어머니' 같은 격언을 어지럽게 붙인 기억이 누구나 있을 것이다. 뭔가를 목표했다면 그것을 잘게 나눌수록 현실로 다가온다. 내가 어디에 있고, 어디로 가고 있는지를 알기 때문이다.

 '날짜를 적으면 꿈이 목표가 되고, 목표를 잘게 나누면 계획이 되며, 계획을 실행에 옮기면 꿈이 실현된다'는 말이 있다. 또

'목표를 세우고 3일 안에 행동으로 옮긴 후, 3주를 지속하면 습관이 되고, 적어도 3년을 투자한다면 남들이 인정하는 전문가의 반열에는 들어가게 된다'는 말도 있다. 성공한 사람들에게서 발견한 1만 시간의 법칙이라는 것도 큰 틀에서는 비슷하다.

목표를 구체적으로 세우고 기록하라

대학 졸업생들을 대상으로 '명확한 장래 목표와 그것을 성취할 계획이 있는가?'라고 물은 설문조사에서, 3%의 졸업생은 목표와 계획을 세웠으며 그것을 기록해 두었고, 13%는 기록하지는 않았다고 밝혔다. 나머지 84%는 여기에 해당하지 않았다. 그로부터 10년 후의 결과는 목표와 계획을 세웠던 이들이 다른 84%보다 평균 10배 가량 소득이 많았다고 한다. 이들 집단 간에는 학력이나 능력의 차이는 거의 없었다고 한다.

'우리가 헛되이 보낸 오늘은 어제 죽은 이가 그토록 원했던 내일이다'라는 말이 있다. 그 오늘을 허투루 보내지 않도록 하는 것이 기록이다. 정해진 목표는 기록으로 남겨야 그 의미가 살아 움직인다. 벤저민 프랭클린은 "글로 쓰인 목표는 가고자 하는 길에서 벗어나지 않도록 이정표 역할을 해주며, 외부의 장애물에 의해 넘어지지 않도록 당신을 지켜준다."고 했다.

택시를 타고자 한다면 아무리 귀찮아도 최소한 손을 들어야 택시를 잡을 수 있고, 로또 당첨을 간절히 원한다면 아무리 귀찮아도 적어도 로또를 한 장은 사야 한다.

램프의 요정 지니를 불러내려면 램프를 문질러야 한다. 최소한의 노력과 실천 없이 무언가를 기대하는 것은 '도둑놈 심보'에 다름없다.

높고 원대한 장기 목표와 비전을 얘기하는 것은 가까운 곳만 바라볼 때 생기는 멀미를 경계해서이다. 놀이기구인 바이킹을 즐기기 위해 배의 끝 쪽에 앉아도 먼 곳을 내다보면 덜 어지럽고 덜 무섭다.

 아하! 그렇구나

조직 속에서는 연봉의 3배를 벌어야 한다. 그것은 내 몫, 동료 몫, 투자 유보 몫이다.

<u>3.4명</u> 인맥 사다리 ────────────●

　우리는 한 다리 건너면 다 아는 좁은 세상에 산다. 한국에서는
3.4명, 세계적으로는 7명만 다리를 놓으면 아는 관계로 연결된다
고 한다. 페이스북 이용자들의 분리 단계는 평균 2.9~4.2이고, 페
이스북이 스스로 분석한 현황에서는 3.57명만 거치면 지구촌 페
이스북 이용자 누구와도 접촉할 수 있다고 한다.

　한두 다리만 건너도 서로 부대끼는 시대에는 인맥이 급발진
확산되는 '티핑 포인트'를 꾸준히 준비해야 한다. 그렇다고 해서
SNS에 너무 연연하면 오히려 스트레스만 커진다. '거기에 가면
그가 있다'는 브랜딩이 되면 성공한 것이다. '인맥 사다리'는 이
때부터 시작된다. 이런 인맥 사다리를 잘 관리하는 방법은 다음
과 같다.

인맥 사다리를 관리하는 6가지 요령

첫째, 지인들과 정기적^{주간, 월간이나 분기}으로 연락을 취한다. 어떻게 지내고 있는지를 묻는 정도면 된다. 내가 먼저 연락한다고 해서 '을'이 될 것이라고 생각할 필요는 없다.

둘째, 입력된 정보와 자료에서 화젯거리를 찾는다. 그러려면 평소 꾸준하게 자료를 입력 관리해야 한다. 어제 만난 사람 중심으로 주소록의 내용을 업데이트해야 한다.

셋째, 상대의 이익을 존중하고 내가 줄 수 있는 장점과 매력 포인트를 부각시켜야 한다. 관심사가 공유되지 않으면, 특히 이익이 셰어링되지 않으면 대화는 건조해진다.

넷째, 복제될 수 없는 자신만의 개성을 살려야 한다. 명함 개수로 폭을 넓히기보다 자연스레 퍼져 나가게 해야 한다. SNS가 일상화되는 시절이라 두세 번만 건너뛰면 웬만한 사람은 다 알게 된다고 해도 과언이 아니다. 조급하게 알거나 알리려고 하면 부작용이 따른다. 자신만의 것은 쉽게 복제될 수 없다. 정치, 경제, 사회, 문화와 관련한 유행에 늘 깨어 있되 자신의 것으로 소화해서 표현해야 한다.

다섯째, 자신을 부각시킬 인사말이나 건배사를 준비한다. 사람이 사람을 보는 눈은 엇비슷하다. 호감을 주는 사람은 상대의 말을 잘 들어주고 맞장구를 쳐주는 사람이다. 또한 특정 모임의 성격에 맞는 인사말이나 자기소개, 건배사 준비를 하는 것은 자신을 홍보할 수 있는 좋은 장치이다.

여섯째, 스스로를 최고의 종합미디어로 만든다. 어떤 사실을 매력적으로 전파·전달하는 것이 미디어이다. 스스로 호기심을 느끼는 주제에 관심을 갖고 자신의 스타일에 맞는 SNS를 주체적으로, 그리고 꾸준하게 운용할 필요가 있다. 우리는 나를 홍보해 주는 미디어의 취재에 기꺼이 응하게 된다.

 아하! 그렇구나
좋은 사다리로는 언제라도 옮겨서 새로운 곳으로 올라갈 수 있다.

55 여성복 사이즈 ─────────────●

당나라의 양귀비는 절세미녀로 통한다. 그런데 양귀비의 신체 사이즈를 추정한 다양한 정보를 찾아보면 고개를 갸웃하게 된다. '키 155cm에 몸무게 65kg의 건강한 체형'이라는 설명도 있고 야사에 따르면 '키 164cm에 몸무게 69kg', 또 다른 글에서는 '키 163㎝에 몸무게 78㎏'이었다고도 한다. 아무리 봐도 현대의 미인 기준에는 적합하지 않아 보인다. 고증에 의하면 그녀는 다소 뚱뚱한 체격에 겨드랑이에서 암내까지 났다고 기술되어 있다. 당시에는 통통한 여성을 미인으로 꼽았던 것 같다. 이는 서양도 마찬가지다. 서양의 명화들에 나오는 주인공들은 통통하고 복스럽게 묘사되어 있다.

시대마다 사람의 시각은 달라질 수밖에 없다. 생존 자체가 어려운 시절과, 모든 것이 풍요로운 시절, 전쟁의 참화를 벗어나야 하는 시절, 역병과 재해로 초근목피해야 하는 시절이 예고 없이

다가오고 물러서기 때문이다. 그때마다 표준도 달라진다.

44사이즈가 정말 아름다운 체격일까?

표준화된 미터법의 시대에 살면서 여전히 헷갈리는 것은 여성 의복 사이즈다. 요즘 여성들의 로망이라는 '44사이즈'는 그 연원을 쫓아 올라가면 1979년 국민표준체위조사 구 공업진흥청, 현 한국기술표준원에서 전국 성인남녀 1만 7천 명을 대상으로 한 조사였다. 당시 20대 여성의 평균 신장은 155cm, 가슴둘레는 85cm로 집계되었다.

여기에서 각 숫자의 끝자리를 모아 당시의 55사이즈가 소위 '평균 체형'이 된 것이다. 키는 5cm, 가슴둘레는 3cm 단위로 더하고 빼서 66사이즈와 44사이즈가 되었다. 결국 44사이즈는 신장 150cm, 가슴둘레 82cm의 체격을 뜻한다.

결코 요즘 여성들의 로망이 될 수는 없는 사이즈이다. 차라리 66사이즈신장 160cm, 가슴둘레 88cm가 훨씬 더 로망에 근접한 체형일 것 같다.

요즘 사람들은 남들이 만들어낸 체형에 집착하여 자기 몸을 괴롭힌다. 여성은 날씬하면서도 글래머러스한 몸을, 남성은 우람한 식스팩 복근을 꿈꾼다.

아름다움은 우러나는 것이다. 나이 먹음에 따라 지혜로운 생각이 늘고, 신체가 곱게 나이 먹어 주위에 폐를 끼치지 않는 건강함이 필요하다.

 아하! 그렇구나

가장 매력적인 사이즈는 건강한 마음을 표현하는 건강한 몸이면 된다.

1KB 통화通話량과 통화通貨량 ─────●

통화가 늘 문제다. 뉴스에 가장 많이 나오는 주제가 돈통화:通貨 아니면 말통화:通話이니 말이다. 기축 통화국들은 윤전기로 끊임없이 돈을 찍어대고, 마이너스 금리로 헬기에서 날리듯 돈을 뿌려대며 '경기부양' 고사를 치르고 있다.

다른 한쪽에서는 증강현실로 끊임없이 눈과 손가락을 놀려대며 게임에 몰두한다. 스노우볼, 빅데이터라는 낯선 단어들이 생활 속 깊숙이 들어오고 있다.

파발마들의 다리가 얼마나 튼튼하냐가 메시지의 전달 속도를 좌우하던 시절이 있었지만, 이제는 기가 단위의 광속 통신수단이 등장하고 있다. A4 한 장의 텍스트 파일 사이즈는 30KB킬로바이트이고, 이미지파일 1366*768 24bit 옵션의 사진 한 장은 300KB, 96kbps 1분 음성은 700KB, 초당 30프레임 1280*720 화질의 1분짜리 동영상은 10MB 정도 된다. 그래서 이제는 정말로

'눈 깜빡할 사이'라는 표현이 무색하다. 눈을 한 번 깜빡하기도 전에 벌써 대용량 파일 송수신이 끝나 있다.

전광석화 같은 속도가 전부는 아니다

'베르누이의 원리'는 비행기가 빠르게 앞으로 나아가면 둥근 위쪽 공기의 흐름이 아래쪽보다 더 빨리 움직여서 날개 위쪽의 압력이 낮아지게 되어 비행기가 날게 된다는 원리이다. 삼투압은 반투막으로 막은 두 액체에서 농도가 낮은 쪽에서 높은 쪽으로 이동하는 현상을 뜻한다.

이런 과학 현상들은 경제도 마찬가지이다. 금융과 산업은 규제와 압력이 낮은 쪽, 덜 심한 쪽으로 이동한다. 브렉시트 Brexit:영국의 유럽연합 이탈 이후 유럽 진출의 교두보로 활용되던 영국 런던의 금융회사들이 유럽 대륙으로 이전을 검토한다거나, 영국 내 생산 공장들이 영국 단일시장보다는 유럽 시장에 매력을 느껴 꿈틀거리는 것도 비슷한 현상이다. 규제가 적은 지역과 시장과 나라를 따라 발길을 돌리는 것은 예나 지금이나 변함이 없다.

사람도 마찬가지다. 잔소리 많고 주머니 가벼운 사람에게는 발길이 끊어진다. 회식에서도 윗사람은 존경과 경계의 될지언정 언제나 환영받는 것은 아니다. 규제와 압력이 덜한 사람에게 마음도 쏠리기 때문이다.

　돈이 되었건 메시지가 되었건 유통의 속도는 전광석화처럼 빨라졌다. 하지만 속도가 아무리 빨라져도 몸과 마음이 감옥 속에 갇혀 있다면 무의미하지 않겠는가. 죄수나 수도자나 모두 울타리 속에서 하루를 보내고 세상과 인생을 돌아본다. 누가 죄수고 누가 수도자인가 하는 갈림은 '감사'의 마음인가 '원망'의 마음인가의 차이라고 한다.

 아하! 그렇구나

ㅠㅠ나‥; ㅋㅋㅋ OTL로는 진심이 전달되지 않는다.

1+1=3   사이펀 원리 —————————————•

중국이 2015년 10월 '한 자녀 정책'을 폐지하고 '두 자녀 정책'을 도입했다. 35년 전인 1980년 9월 26일 공식 시행된 산아 제한 정책으로 태어난 외동 자녀들은 소황제小黃帝, 샤오황디로 불렸다. 금수저 응석받이라 사회적 문제도 컸고, 부모의 과잉교육열 문제와 부작용도 많았다. 이는 우리나라도 마찬가지이다. 인구폭발이라는 이름으로 추진해왔던 한 자녀 갖기도 이제 '낳기만 하면 국가가 챙긴다'로 궤도가 수정되었다.

가족이 하나 늘어난다는 것은 숫자 외의 의미가 더 있다. 부부라는 두 점 사이를 선으로 이으면 하나가 만들어진다. 여기에 케뮤니케이션 채널은 6개로 늘어나게 된다. 일 대 일1:1의 관계도 있지만, 이 대 일2:1의 고리도 생긴다. 엄마와 자식이 뜻을 같이해서 이 대 일2:1로 아빠와 대화를 하는 것이 그 예이다.

자녀로 인해 부모형제 관계가 형성되면 촌수가 만들어진다.

부부는 무촌이고 부모와 자식은 1촌, 형제간은 2촌이다. 가족 간에 채널이 많아진다는 것은 생각과 배려의 깊이가 달라짐을 의미한다.

사람 사이에 흐르는 맥인 인맥은 촌수를 타고 흐른다. 한 사람이 접하는 절친의 최대 숫자는 250명이고, SNS를 타고 다니면 우리나라 울타리에서는 4명, 세계적으로는 7명이면 누구든 연결이 된다고 한다.

사람과 사람 사이에는 보이지 않는 맥이 있다

모세관 현상은 털처럼 가는 관을 액체 속에 넣으면 관 속의 액체 높이가 관 바깥보다 높아지거나 낮아지는 현상이다. 식물 뿌리에 있는 물도 이 현상으로 줄기 위로 공급된다. 새삼스럽지 않은 '사이펀 원리'다. 높은 곳에 있는 물 표면에 공기의 압력이 작용해 물을 밀어내서 생기는데, 수세식 양변기의 물이 내려가고 맑은 물이 찰랑 고이는 것이나, 멀쩡하던 잔에 차오르던 물이 한 방울도 남김없이 빠져나가는 계영배戒盈杯 : 과욕이 모든 것을 잃게 함을 경계한다에도 적용되는 원리이다.

사람과 사람 사이에도 '보이지 않는 손'처럼 맥이 닿아 있어서 모세관 현상처럼 빨려 올라가거나 내려가는 작동을 한다. 혈연,

지연, 학연 등을 통해 우리는 서로의 필요한 부분을 밀어 올리거나 낮추려고 하는 것이다. 나를 둘러싼 모든 관계자들과는 사이펀 원리처럼 수준을 맞추기도 하지만 일순간 모든 관계의 작동이 없어져 버릴 수도 있다. '계정을 닫는다' 는 표현은 디지털 세상에서의 절필이자 관계의 단절을 의미한다.

가족은 무수한 모세관으로 서로 엮여 있는 관계이다. 사이펀 원리로 한 순간 다 빨려나가 없어지는 것도 아니고, 그래서도 안되는 관계이다. '우리는 가족' 이라는 표현을 자주 쓰지만 때로 그 가족은 '가축' 같은 관계가 되어 서로 반목하기도 한다. '우리 we' 라는 '우리fence' 에 들어오는 관계에서는 간, 쓸개를 다 내줄 듯이 하지만, 한 발짝만 그 밖으로 나가면 원수보다 못한 견원지간이 되기도 한다. 알고 보면 우리 모두는 촌수 있는 관계다. 좀 더 살갑게 서로 대해보자.

 아하! 그렇구나

욕심을 비우면, 욕심 많은 사람들이 사이펀 원리로 주위에 몰려들 수 있다.

3-30-3-30 인터뷰 법칙 —————————•

대화에도 여러 가지가 있다. 나를 설명하기 위한 대화도 있고 상대방과 협상하기 위한 대화도 있다. 인터뷰라는 형식도 있다. 방법이나 목적에 따라서 여러 형태의 인터뷰가 있는데, 잘 묻고 제대로 대답해서 정보나 의견이 바르게 전달되어야 하는 것이 중요하다. 성공적인 영업 협상 및 인터뷰를 위해서는 다음과 같은 법칙들이 있다.

- 3:7의 법칙

: 대화의 70%를 고객_{상대방}이 말하도록 하라.

- 1〉30, 10〉10000 법칙

: 최초 1분의 말이 그 다음에 이어지는 30분의 말보다 중요하다. 그리고 처음 10초의 말이 그 다음의 1만 개의 말보다 중요하다.

- 1-2-3 법칙

: 1분간 말하고, 2분간 듣고, 3분 안에 3번 맞장구를 쳐라.

- 3-30-3-30 법칙

: 말하기에 앞서 3가지를 체로 걸러 내고, 말할 분량은 30% 정도 줄이며, 3분 안에 3번 맞장구 쳐주고, 인터뷰는 30분 내로 마친다.

- 30분

: 인터뷰 시간은 30분이 가장 좋다. 그보다 길어지면 중언부언이 된다. 엘리베이터 10층 가는 동안 상사에게 보고를 마치거나 지시를 받겠다는 심정으로 사전에 기승전결을 준비하면 좋다. 유명 컨설팅사의 조언에서는 30초 안에 설명할 수 있어야 한다고 한다.

온몸을 기울여 경청하라

인터뷰를 할 때 주의할 사항으로는 다음과 같은 것들이 있다.

- 정답 없는 주제정치, 종교 및 신념 교육, 축구, 일방적인 이야기설교, 훈계, 쓸모없는 이야기연예인 루머, 정치인 가십, 남을 비하하는 이야기는

자제하고 한 번 더 생각하라.

- 상대방의 이야기는 귀 외에도 감각을 가진 모든 기관으로 듣는다는 심정으로 경청하라. 경청은 그냥 듣는 것이 아니고 귀를 '기울여' 듣는 것이다.

- 인터뷰를 미리 연습하라. 말하기, 협상하기, 인터뷰는 어느 날 갑자기 되는 것도 아니고 열심히 머리로 생각한다고 해서 입에 배는 것도 아니다. 자신만의 말하기 습관은 동영상을 찍어 파악하는 것이 좋다. 한번쯤 스마트폰으로 본인의 말을 녹화해서 들어보며 발음, 어조, 빠르기 등을 교정할 필요가 있다. 자신도 모르는 나오는 말과 몸의 버릇도 확인할 수 있다. 직접 보는 것이 가장 빠른 교정방법이 될 것이다.

요즘 젊은 세대는 대화할 때 리액션이 3가지로 요약된다. "헐~ / 진짜? / 대박!" 이 세 마디다. 어찌 보면 이 세 마디만으로 대화와 인터뷰가 진짜 '대박'이 될 수도 있다.

 아하! 그렇구나

경청(傾聽)의 경은 공경할 경(敬)이 아니고 기울일 경(傾)이다.

0.7 과소비 지수

　백화점에는 시계가 없고 1층에는 화장실이 없다. 엘리베이터를 찾기도 어렵지만 바깥이 내다보이는 창문도 어지간해서는 보기 어렵다. 백화점이나 마트는 사람의 심리와 동선을 최대한 활용한다. 계산대 앞에서의 망설임은 '꼭 필요한 것을 사는 거야', '지금이 제일 싼 거야'로 합리화된다.

　소비할 물건을 집어 드는 이유는 다양하다. 없어서need, 망가져서broken, 훨씬 나아보여서better, 왠지 모르게 끌려서no reason 등이다. 이것은 먹고 살자고 하는 생존소비, 품위 있게 살아가는 생활소비, 나중에라도 필요할 것 같아서 지출하는 과소비로 구분된다. 과소비가 반복적으로 일어나면 중독소비가 된다.

　사람은 자존감이 낮아지면 소비로 채우려고 하고, 소비로 잠시 자존감을 채운 그 소비가 다시 자존감을 무너지게 하는 악순환이 이어지며 과소비를 탄생시킨다.

우리가 사려고 애쓰는 물건은 사회적 소외감과도 관계가 있다. 내 아이가 외톨이가 될까봐 '등골 브레이커'인 비싼 점퍼와 신발을 사주는 것이다. 남과 다르게 되고도 싶고나만 가질 수 있는 것, 남과 같게 되고도 싶은남들 다 갖고 있는 것 것이 인간의 속성이다. 소비도 모방을 한다.

과연 '언젠가' 필요할까?

경제학자 사무엘슨Paul Anthony Samuelson은 소비를 욕망으로 나눈 '행복 지수' 등식으로 행복을 설명했다. 소비는 불안하거나 우울할 때, 그리고 화가 날 때 더 강하게 작동한다고 한다. 그것이 어느 선을 넘어서면 과소비가 된다. 이것을 지수화하면, 월평균 수입에서 평균 저축을 빼고 다시 그 수입으로 나눈다. 0.7 이상이면 과소비, 0.6 정도면 적정소비, 0.5 이하이면 근검절약 소비라고 하지만, 이것도 시절 따라 다르지 않을까 싶다.

사람들은 무의식으로 물건을 사고 의식적으로 합리화한다고 한다. '언젠가 필요할 것'이라고 하며 사놓은 물건의 '언젠가'는 언제 올지 모른다. 만약 왔다면 이미 늦거나 그 물건이 낡고 녹슬어 더 이상 쓸 수 없을지 모른다.

부자들의 공통적 DNA를 많은 이들이 연구하지만, 일반적으로 구매와 소비에 앞서 이런 여섯 가지는 생각해 볼 만한다. '꼭 필요한가', '대체할 것이 있는가', '더 싼 것곳이 있는가', '돈 쓴 티를 낼 만한가', '제대로 된 것곳인가', '나에게 주는 선물 아닌가'를 스스로 물어보는 것이다.

관광을 하며 열심히 기록 사진을 남기는 것이 체험 만족도 때문일지 구매 만족도 때문일지는 구분이 쉽지 않다. 확실한 것은 내가 등장하는 그 사진을 내 사후에는 거의 볼 사람이 없다는 것이다.

 아하! 그렇구나

건강한 소비는 살아가는 힘이고 즐거움을 준다. 그 반대는?

10명   카톡방 인원 ──────────────●

스마트폰에서 주소록을 열면 참 많은 리스트가 나온다. 서로 뭔가 목적이 있어서 등록했겠지만 언제 만난 어떤 사람인지 기억이 가물가물한 리스트도 있다.

현재 직장이 있고 사람을 많이 만날 때는 싫건 좋건 많은 이름과 매일 접하고 통화해야 하지만, 만약 은퇴를 하면 어떻게 될까? 지금의 연락처에 있는 사람들과 그때도 연락할 일이 있을까? 인생의 끝까지 남을 수 있는 이름과 그룹은 얼마나 될까?

한 번은 필자의 친구들 모임에서 이 화두를 던진 적이 있었다. 요즘 많이 사용하는 '카톡'에서 끝까지 남을 수 있는 이름을 놓고 말이다. 은퇴 후 몇 명 정도가 주소록에 의미 있게 남게 되는 것일까? 툭툭 던지는 예상 명단을 뽑아보니 황망해졌다. 가족, 친지, 교인 모임, 동창 모임, 옛 상사들과 부하들. 여기에서 혈연 관계를 빼고 평생을 만날 수 있는 인원을 추려보니 상상 이상으로 단출했다. 그들은 왜 마지막까지 남아있게 되었을까?

삶의 마지막까지 남겨질 목록은?

앞으로 한 번이라도 만날 것 같은 사람은 남겨진다.

첫 번째는 동창이거나 직장, 사회에서 엮어진 멤버들이다.

두 번째는 이해관계가 매듭지어지지 못한 사람들, 뭔가를 빌려주거나 받거나 하는 관계이다.

세 번째는 언제라도 나의 전화와 방문을 환영할 사람이다. 있는 그대로 나를 흉금을 터놓고 받아줄 것이라고 믿어지는 이들이다.

반대로 나는 다른 사람의 주소록에 얼마 동안이나 남아있을 수 있을까? 친구親舊의 한자를 풀어보면 '나무木 위에 올라서서立 오나 안 오나를 살피는見 것을 오래 전부터 해 온 사이' 이다.

누군가가 나를 떠올리고 연락해서 방문할 '때' 가 있다면 대단히 감사할 일이다. 부탁을 하러 온 것이라면 내가 아직 그럴만한 입장에 있다는 것이다.

뜻 없이 왔다면 정말 반가운 일이고, 거절의 문제가 생긴다면 솔직하게 권리를 행사하면 그만이다. 내가 방문할 '데' 가 있다면 참 잘 살아왔다는 반증이다. 내가 그들의 주소록에서 지워지기 전까지 나는 살아있는 것이다.

　오늘도 나는 잠자리에서 일어나면 곧장 이름 셋을 스마트폰 '오늘의 할 일'에 적어 넣는다. 그를 떠올리고 그에 맞는 안부 문자를 예약으로 보내기도 한다. 문자를 받는 그는 행복할까 아니면 부담을 느낄까?

 아하! 그렇구나

퇴직 후 일 없이 3개월쯤 지났다 생각하고 반갑게 연락할 사람을 적어보라.

113

7080 시대의 주역들 ———————————•

포트럭_{potluck} 파티는 서양에서 이웃이나 지인들이 각자 한 가지씩 가져온 각양의 음식으로 파티를 여는 것을 말한다. 말 그대로 '행운의 냄비'가 된다. 서로의 부담을 n으로 나누고 대화를 n의 무한승수로 늘리는 것이다.

파티나 잔치를 벌이지 않더라도 우리는 서로 잘 섞여 살기 위해 상부상조하고 품앗이를 하는 지혜를 낸다. 내 팔자를 고치려고 남을 해치고 헐뜯는다면 세상에는 아무 것도 남아나는 것이 없게 될 것이다. 이기심으로 인해 부정적인 일도 당연히 생긴다. 누구 것인지를 모르게 하고 가져온 포도주를 모두 한 곳에 섞었더니 결론은 물맛이 나더라는 얘기도 있다. 자기 몫을 기꺼이 책임졌다면 그런 일은 생기지 않았을 것이다.

포항 호미곶은 울산 간절곶과 함께 해맞이 명소로, 경북 포항시 남구 호미곶면 대보리에 위치한다. '곶'은 해안이 바다 쪽으로 튀어나간 반도 지형이다. '호랑이 꼬리' 라는 뜻의 호미도 호랑이 모형의 지도로 보면 이해가 쉽다. 호미곶에는 '상생의 손' 조형물이 있다. 불쑥 하늘을 떠받칠 듯한 기세의 오른손이 해변에 있다. 육지에 있는 왼손과 함께 '상생의 손' 이 되어 새천년을 맞아 모든 국민이 '서로를 도우며 살자' 는 뜻에서 만든 것이라고 한다.

시대의 주역에서 추억의 가요가 된 7080

종종 '7080세대' 의 노래를 듣는다. 요즘에는 추억의 노래로 여겨지지만 당시에는 최신 유행 가요였다. 88올림픽 때의 '손에 손 잡고' 라는 노래가 새삼 살갑다. 격동의 시대를 지나온 7080세대 뿐 아니라 지금 세대와 앞으로 태어날 세대에게 어둡고 찌든 삶이 기다리고 있다고 생각하면 누구나 비참해질 것이다. 주름살 뒤에 숨은 숱한 희노애락이 인생 계급장 아니던가.

'세상은 변한다는 사실만 변하지 않는다' 는 그리스의 철학자 헤라클레이토스의 말이 있다. 영화 〈봄날은 간다〉속 대사 '어떻게 사랑이 변하니?' 라는 물음에 광고 속 대사 '사랑은 움직이는 거야' 가 그 대답을 한 적이 있다. 힘든 시절을 살았던 7080세대도 나이 들어가고, 시대의 주역들은 또 다시 끊임없이 교체된다.

앞 세대는 뒤의 세대를 키우고 예비해야 하고, 뒤의 세대는 앞 세대를 인정하고 존중해야 할 것이다.

 아하! 그렇구나

가족과 직장에서 세대 간 상생의 기본은 배려와 소통이다.

114

47세 인구절벽 ──────────────●

　요즘에는 '절벽'이라는 단어를 쉽게 접한다. 미국의 경제학자 해리 덴트Harry Dent는 2014년 '인구절벽demographic cliff'이라는 단어로 세상의 이목을 끌었다. 비슷한 개념으로 많이 쓰이는 단어인 밸리valley에도 이런 인구구조의 문제가 녹아 있다.

　인구절벽의 논거는 단순 명료하다. 통계청의 경제활동인구조사 원자료를 분석한 한 미디어의 조사에서 국내 근로자의 2014년 평균 퇴직 연령은 52.6세로 나타났다. 은퇴를 원하는 나이 64세에 비해 실제 퇴직을 하는 나이 간에 12년 가까운 갭이 생긴다. 소득절벽으로 인한 연금의 '데쓰밸리Death Valley' 기간이 중요 과제가 되는 이유를 여기에서 찾을 수 있다.

　소득과 소비가 가장 왕성한 시기는 47세라고 한다. 그로부터 불과 5년 뒤에 소득을 잃는다면 일찌감치 소득을 줄여나가며 노후를 준비해야 할 것이다. 요즘은 결혼 연령이 남자 34세, 여자

31세까지 높아졌다. 30세 전후에 혼인했다면 53세 퇴직이라 하더라도 자녀는 20대 초반이 된다. 5~10년은 독립하지 않고 캥거루처럼 보듬고 있어야 하므로 엄청난 부담이 된다. 그래서 생긴 현상이 '반퇴빠른 퇴직과 이에 이어지는 구직' 이다.

평균 퇴직연령과 은퇴 희망연령 사이의 12년의 갭

경제개발 5개년 계획이 착착 성과를 내던 시기에는 취업은 당연했고, 퇴직은 영광스런 휴식으로 간주되며, 자식들은 부모봉양을 당연한 의무로 받아들였다.

이제 '58년 개띠' 를 중심으로 앞뒤 5년에 태어난 베이비붐 세대는 '낀 세대' 가 되어 버렸다. 2%대로 성장하는 나라에서 자식들의 취업자리는 부족하고, 합계출산율이 1.3이 안 되는데 노후를 자식에게 맡길 수는 없다. 게다가 수명 82세를 넘어서는 고령화 사회에서 여전히 부모 부양의 도덕성을 지키려고 한다. 평생 걸려 모은 전 재산인 집을 생계를 위한 담보로 제공한다. 그래서 '낀 세대' 는 죽을 맛이다.

미국의 '재정절벽' 이 한때 큰 이슈가 된 적이 있었다. 문제는 대한민국 가장의 앞에는 인구절벽, 은퇴절벽이 낙화암처럼 요지부동 자리를 잡고 있다는 점이다. 뛰어내린다고 풀릴 문제는 아닌 것이다. 지금을 살아가는 세대는 3층 구조가 아닌 5층, 7층 구조의 연금체계를 지금부터 준비해야 한다. 7층 구조를 이해하고 금액이 적더라도 1만원씩이라도 그 상품에 가입할 일이다. 간접적으로 실감하며 준비하는 마음을 유지해야 한다.

매년 통계청에 게시되는 〈가계금융·복지조사 보고서〉를 들여다 보면 꽤 자극이 된다.

아무튼 손주 보는 나이가 되면 애볼 '힘이 없어서' 서럽다고 한다. 힘이 넘치던 시절에는 '정신이 없어서' 못하던 애보기였는데 말이다.

 아하! 그렇구나

은퇴설계는 참 어렵다.
은퇴한 이에게는 이미 생활이고, 은퇴할 이는 아직 실감할 수 없기 때문이다.

세상을 보는 당신의 눈이 달라진다

이 책은 필자가 늘 관리하는 많은 숫자를 풀어본 이야기첩이
다. 숫자는 늘 필자에게 관찰의 대상이 되었고 몰입하게 만들었
다. 또한 강연을 풀어가는 핵심적인 소재가 되어주었다. 일상적
으로 대하던 숫자 하나하나도 그 뒤의 맥락을 연상하면 더 이상
상투적인 클리셰Cliche:진부한 표현이나 고정관념가 되지 않았다.

누구에게나 공평무사하게 주어지는 24시간이지만 이 수치는
어느 누구도 함부로 늘이거나 줄일 수 없을뿐더러 되돌릴 수도
없다. 가장 부족한 자원이 시간이라고 한 미국의 경영학자 피터
드러커는 "측정되지 않는 것은 관리되지 않는다"라는 말을 남겼

다. 저명한 엔지니어이자 통계학자인 데밍Willim Edwards Deming교수가 '가시적 수치에만 의존하는 기업경영'을 7가지 치명적 병폐 중 하나로 얘기한 바 있지만, 갈릴레오Galileo Galilei가 남긴 "측정 가능한 모든 것을 측정하라. 그리고 측정이 힘든 모든 것을 측정 가능하게 만들어라Measure what is measurable, and make measurable what is not so"라는 말이 훼손되는 것은 아니다.

관찰 - 측정 - 통제 - 개선에서 일관되게 흐르는 하나의 언어가 바로 숫자이다. 절대론도 단위 켈빈으로 유명한 물리학자 캘빈 경William Thompson은 "말하고 있는 것에 대해 측정하고 숫자로 표현할 수 있을 때, 그것에 대해 뭔가를 아는 것이다. 하지만 측정하지 못하고 숫자로 표현하지 못할 때의 지식은 빈약하고 불만족스러운 것이다"라고 했다. 잘게 나누어서 정복해 나가기 위한 첫 걸음이 관찰과 측정이고, 측정된 수치가 곧 지식의 첫걸음이 된다. 그 첫걸음을 재미있게 디딜 수 있었으면 하는 바램이다.

회계가 비즈니스의 언어라면 숫자는 트랜스포머처럼 다양하게 자신을 바꾸어 가며 내게 얘기를 전해 온다. 가락마다 다른 의미를 갖는 손가락을 구부려가며 수를 세기 시작했고, 또 앞으로도 많은 것을 손꼽으며 찾고 기다릴 것이다. 세상에 있는 의미가 있는, 유래가 있는, 무수한 숫자의 끈을 이 책을 쓰며 당겨보았다.

감사, 감사의 습관이
기적을 만든다
정상교 지음
246쪽 l 13,000원

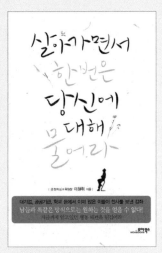

살아가면서 한번은
당신에 대해 물어라
이철휘 지음
256쪽 l 14,000원

거시기 머시기 유머
오경택 지음 l 268쪽 l 12,000원

감정회복
닫혀버린 마음도 열고
사람도 잃지 않는
윤재진 지음 l 248쪽 l 15,000원

될 때까지 끝장을 보라
이겨놓고 승부하는 열정의 키워드
김종수 지음 | 272쪽 | 15,000원

헤매고 넘어지고 뒤집기
고정관념을 뒤집는 코칭 전문가
기우정의 감성수업
기우정 지음 | 228쪽 | 13,500원

나인 레버
하는 일마다 잘 되는 사람의
이유를 아는가?
조영근 지음 | 248쪽 | 12,000원

어떻게 삶을 주도할 것인가
비전멘토, 자기경영 전문가 이훈이
제안하는 삶의 의미와 방향찾기
이훈 지음 | 276쪽 | 15,000원

삶을 업그레이드 하는 더 나은 삶 **모아북스의 인문 · 에세이** ─────

놓치기 아까운
젊은날의 책들
최보기 지음
248쪽 | 13,000원

밥이 고맙다
일상에 대한 맛있는 인생 레시피
이종완 지음 | 292쪽 | 15,000원

웰레스트
이내화 지음
280쪽 | 13,000원

베스트셀러 절대로
읽지 마라
내 곁에 있는 책이 나를 말해준다
김욱 지음 | 288쪽 | 13,500원

몰랐을 땐 상식 제대로 알면 교양지식
숫자에 속지마

초판 1쇄 인쇄 2016년 11월 15일
1쇄 발행 2016년 11월 29일

지은이	황인환
발행인	이용길
발행처	**모아북스** MOABOOKS

관리	박성호
디자인	이룸

출판등록번호	제 10-1857호
등록일자	1999. 11. 15
등록된 곳	경기도 고양시 일산동구 호수로(백석동) 358-25 동문타워 2차 519호
대표 전화	0505-627-9784
팩스	031-902-5236
홈페이지	www.moabooks.com
이메일	moabooks@hanmail.net
ISBN	978-11-5849-040-9 03320

모아북스 는 독자 여러분의 다양한 원고를 기다리고 있습니다.
(보내실 곳 : moabooks@hanmail.net)